Dieses Buch ist aus den lebendigen Prozessen um den Jugendgottesdienst hervorgegangen. Es ist das Werk vieler und hätte nicht Wirklichkeit werden können, wenn die Autorinnen und Autoren ihre Texte und Erfahrungen nicht beigetragen hätten.
Die HerausgeberInnen danken ihnen allen herzlich dafür.

Werkstatt Jugendgottesdienst

Ideen · Anregungen · Modelle

Herausgegeben von Mechthild Bangert, Roland Schwarz und Christine Tröger

Gütersloher Verlagshaus

Die Deutsche Bibliothek – CIP-Einheitsaufnahme

Werkstatt Jugendgottesdienst : Ideen – Anregungen – Modelle /
hrsg. von Mechthild Bangert … – Gütersloh : Gütersloher Verl.-Haus,
1998
ISBN 3-579-02934-7

ISBN 3-579-02934-7

Umschlaggestaltung: INIT, Bielefeld
Satz: Weserdruckerei Rolf Oesselmann GmbH, Stolzenau
Druck und Bindung: Druckerei Sommer GmbH, Feuchtwangen
Gedruckt auf chlorfrei gebleichtem Werkdruckpapier
Printed in Germany

Inhalt

Vorwort

Ich habe einen Traum ... »Glücklich sind die, die Träume träumen, und dafür arbeiten, daß sie wahr werden.« Dieses Graffiti aus dem New Yorker Untergrund erinnert mich heute an die Hoffnung, die ich mit dem Erscheinen dieses Buches verbinde, daß der Traum vom Gottesdienst für alle und mit allen – Jugendliche gerade ein- und nicht ausgeschlossen – wahr werde ... ein Traum, der doch auch immer wieder hier und da Rückschläge und Niederlagen erlebt ... ein Traum, der sich an einem solchen Buch nähren und wieder aufrichten kann und darin neue An-Mutung und Zu-Mutung entdeckt, elementar: Jugendgottesdienst von A bis Z.

Der Titel *Werkstatt Jugendgottesdienst* weist dabei auf einen gemeinsamen Lernort hin, eine Gottesdienst*werkstatt*, eine liturgische »Küche«, wo Lust und Liebe zum Gottesdienst sozusagen »durch den Magen« gehen ... wie beim kurzweiligen Kochen und Kosten, beim unausweichlichen Probieren. Wo es darauf ankommt, einander mit unnachahmlicher Phantasie der Rezepturen »auf den Geschmack zu bringen« ... Wo eben nicht viele Köche den Brei verderben, sondern viele Köchinnen und Köche, viele Kellnerinnen und Kellner gerade dafür Sorge tragen, daß die »Mahlzeit« mit vielen situativen und regionalen Gewürzen zubereitet und so aufgetischt wird, daß der Appetit beim Essen kommt, daß es Spaß macht, sich an diesem Gericht zu laben, sich in einer recht verstandenen wohltuenden Atmosphäre vorzubereiten und beim »Fest der Begegnung« dabei zu sein.

Werkstatt Jugendgottesdienst lernt dabei »von Jugend auf« von den kommunikativen und partizipativen Gottesdienstwerkstätten kontinuierlicher oder projektorientierter Form im Kinder- oder Schulgottesdienst, in Kinder- oder Jugendbibeltagen und -wochen, in der Arbeit mit Konfirmandinnen und Konfirmanden, auf Freizeiten und bei Kirchentagen genauso wie im Kontext von Taize. Dabei entwickelt sich die liturgische Kompetenz aller am Gottesdienst Beteiligten so, daß Wirklichkeit werden kann, was an vielen Orten noch Utopie ist: *Jugend gestaltet Gottesdienst.*

Wenn die 12. Shell-Jugendstudie (1997) die der Jugend unterstellte Institutionen- und »*Politik*verdrossenheit« als »*Jugend*verdrossenheit« der Institutionen und der Politik entlarvt, dann läßt sich ohne weiteres die These formulieren: die vielerorts der Jugend pauschal unterstellte »*Gottesdienst*verdrossenheit« entpuppt sich bei näherer Betrachtung als sich klammheimlich eingeschlichene »*Jugend*verdrossenheit« der Gemeinde bzw. des klassischen Gemeindegottesdienstes. Wieviel ausgrenzende Tragik liegt allein in seiner Charakterisierung als sogenannter *Haupt*gottesdienst! Der widersetzt sich noch allzu oft den »offenen« Ansätzen der Erneuerten Agende samt deren – auch jugendgerechten – Kriterien, statt sie Schritt für Schritt einzulösen und fortzuschreiben:

- Die Verantwortung und Beteiligung der ganzen Gemeinde
- Eine erkennbare, stabile Grundstruktur mit vielfältigen Gestaltungsmöglichkeiten
- Die Gleichberechtigung von bewährten traditionellen und neuen Texten
- Die Erweiterung der reformatorischen Basis durch ökumenische Spiritualität
- Eine nicht ausgrenzende Sprache
- Eine ganzheitliche Kommunikation

Werkstatt Jugendgottesdienst buchstabiert das elementar, kommunikativ und kreativ durch und entwirft den in unterschiedlichen Ausgangssituationen nachvollziehbaren *Weg der kleinen Schritte*: von der Reflexion der Zielgruppe bis zur Vernetzung in der Gemeinde, von der theologischen »message« bis zum musikalischen »feeling«, vom roten Faden der Liturgie bis hin zu den notwendigen Finanzen, von der vorbereiteten Checkliste bis hin zur vertiefenden Literatur. Dabei wird an ausgewählten Beispielen eine weit gefächerte Praxis in Bausteinen und Gesamtentwürfen vorgestellt, die zur eigenen Gestaltung von ungewohnten und vertrauten Gottesdienst-Räumen mit Jugendlichen anregt und anstiftet.

Wenn Gottesdienst nicht nur in der Jugendzeit – etwa aus der Erinnerung an den kirchlichen Unterricht – »heimlicher Lehrplan« der Wahrnehmung von Kirche ist, dann wird Gottesdienst mit Jugendlichen in all ihren spezifischen Kulturen und Kontexten in besonderer Weise Frei-Räume und Spiel-Räume eröffnen helfen, in denen Christsein als offenes Projekt und als integrativer Prozeß in der »fremden Heimat Kirche« angesagt ist. Diese freien Räume sollen in mehrfacher Hinsicht zu einem »Probe-Wohnen auf Zeit« im Kirchen-Raum einladen. Dabei wird der integrative Zug des Gottesdienstes besonders zu beachten und zu pflegen sein. *Werkstatt Jugendgottesdienst* führt das erfreulicherweise besonders im Umgang mit sogenannten behinderten Jugendlichen immer wieder prägend vor Augen.

In der gegenwärtigen Situation ist *Werkstatt Jugendgottesdienst* darum ein überfälliges und not-wendiges Buch für alle haupt- und ehrenamtlichen Mitarbeiterinnen und Mitarbeiter – Pfarrerinnen und Pfarrer eingeschlossen –, die sich in ihrer gemeindepädagogischen Praxis lokal und regional zusammen mit Jugendlichen auch im Herzstück der Gemeindearbeit, dem Gottesdienst, dem Zeitgeist mit Geistesgegenwart zeitgemäß und unzeitgemäß stellen und sich auf den Weg machen wollen.

Spiel und Spaß, Ernst und Engagement schließen sich dabei gerade nicht aus, sondern sind angesagt, darum macht dieses Arbeits- und Werkbuch unter allen Umständen Mut: Mut zum Anfangen und zu langem Atem, Mut zum Entdecken und Experimentieren, Mut zu einer *Werkstatt Jugendgottesdienst*, wo sich alle von Zeit zu Zeit als Lehrlinge, Gesellen und Meister begreifen und kennenlernen. Es macht Mut, das Leben wahrzunehmen, die Situation des Gottesdienstes im Alltag und am Sonntag, wo ich ganz gefragt bin und wir miteinander Horizonte entdecken und erweitern können, damit der Traum Wirklichkeit wird, von einem Leben, das befreit und Sinn macht. Oder wie es der brasilianische »Bischof der Armen«, Dom Helder Camara, ausgedrückt hat:

Wenn eine/r alleine träumt, ist es nur ein Traum.
Wenn viele gemeinsam träumen,
so ist es der Beginn einer neuen Wirklichkeit.
Wir haben einen Traum ...

Bochum/Josefstal, Juli 1997 *Günter Ruddat*

Einleitung

Was wir mit diesem Buch wollen

Für diejenigen in der kirchlichen Arbeit, die mit Jugendlichen zu tun haben, ist unübersehbar, daß gerade Jugendliche mit religiösen Themen und Fragestellungen beschäftigt sind und daß ihre Sehnsucht nach spirituellen Ausdrucksmöglichkeiten groß ist. Viele Jugendstudien bestätigen es.
Der Gottesdienst scheint aber nicht ohne weiteres der Ort zu sein, an dem die religiösen Wünsche und Interessen ihren Raum finden. Der Gottesdienst ist für viele Erwachsene und erst recht für Jugendliche eine fremde Welt[1].
Obwohl der Stellenwert von Gottesdienst abzunehmen scheint, sind gerade über alternative Formen von Gottesdienst (z. B. im Rahmen der Kirchtage) neue Impulse in die Gemeinden gelangt. Zu keiner anderen Zeit gab es so viele verschiedene gottesdienstliche Angebote: Familien-, Krabbel-Gottesdienst, Liturgische Nächte, Feierabendmahl u.a.
So stellt sich die Frage, wie gottesdienstliches (Er)Leben so gestaltet werden kann, daß sich Jugendliche angesprochen, ernst genommen und zugehörig fühlen, daß der Gottesdienst zum eigenen Ort von Jugendlichen werden kann.
In der Praxis ist zu beobachten, daß die Bereitschaft bei den unterschiedlich ausgebildeten MitarbeiterInnen, sich in diesem Bereich zu engagieren, wächst. Immer mehr Hauptberufliche in der Jugendarbeit wollen oder sollen gottesdienstliche Angebote machen. Vielen geht es darum, mehr gottesdienstliche und liturgische Kompetenz zu erwerben.
Dieses Buch will haupt- und ehrenamtlichen MitarbeiterInnen Lust auf Gottesdienste mit Jugendlichen machen und Hilfestellungen anbieten.
Dabei spielen vor allem folgende grundlegenden Fragen eine Rolle:

- Wie kann ich Jugendgottesdienste so gestalten, daß Jugendliche dort Anknüpfungspunkte aus ihrem Lebenskontext entdecken und diese Veranstaltung nicht öde und langweilig, sondern ansprechend und lebendig finden?
- Wie kann ich Beteiligung, ein wesentliches Kriterium evangelischer Jugendarbeit, im Gottesdienst und in der Vorbereitungsphase ermöglichen und die theologische Kompetenz aller fördern?

1. Z. B. in »Fremde Heimat Kirche«/EKD-Untersuchung: Der regelmäßige Gottesdienstbesuch der Kirchenmitglieder schwankt zwischen durchschnittlich 3-10%.

Wenn es gelingt, Jugendliche in die Gottesdienstvorbereitung und -gestaltung einzubeziehen, kann es *ihr* Gottesdienst werden. Erst dann können sie sich dort zu Hause fühlen. Sie erleben, daß es durchaus Spaß machen kann, Gottesdienst zu feiern. Ganz unterschiedliche Talente und Fähigkeiten können zum Zuge kommen. Die Jugendlichen finden auf diese Weise ihren Platz im Gottesdienst – ebenso in der Gemeinde.
Wir wollen mit dem Buch Mut machen, Jugendgottesdienste unterschiedlichster Prägung durchzuführen, Anstöße für die Gestaltung und Durchführung geben, für wichtige Fragestellungen sensibilisieren, die sich auf den Zusammenhang von Inhalt, Gestaltung und (Gottesdienst)Situation beziehen, Hilfestellungen geben, die eigene Praxis zu reflektieren.
Es besteht ein großer Bedarf an erprobten Gottesdienstideen, Materialien und Entwürfen. Reine Materialsammlungen reichen jedoch nicht aus. Denn die unterschiedlichen Rahmenbedingungen jeweils vor Ort erfordern ein neues Durchbuchstabieren der Erfahrungen, die hier gebündelt angeboten werden. Das vorliegende Buch will keine Rezepte verpassen nach dem Motto »So wird´s gemacht!«
Wir gehen davon aus, daß dieses Buch grundsätzlich eine integrative Gottesdienstgestaltung ermöglicht, insbesondere die Integration von Jugendlichen mit Behinderungen. Wo es nötig erscheint, werden spezifische Hinweise gegeben. Jugendliche kennen viele verschiedene Formen von Ausgrenzung. Gerade im Zusammenhang mit Gottesdienst kann es eine wichtige Erfahrung sein, daß niemand ausgeschlossen wird, sei es aus Mangel an Fähigkeiten, sei es aufgrund von Animositäten und Vorurteilen. Es ist eine wesentliche Erfahrung, immer wieder Gelegenheiten zu suchen, um gerade Menschen mit geistigen, körperlichen oder sozialen Erschwernissen einzuladen und einzubeziehen.
Damit das Buch möglichst praxisnah aufgebaut ist, beziehen sich die Leitfragen und Themenschwerpunkte auf »Merkzettel« zur Vorbereitung und Durchführung von Jugendgottesdiensten (s. folgende Seite).
Unter dem Titel »Praxisbeispiele« werden Gottesdienst-Entwürfe vorgestellt und Bausteine zur Gestaltung angeboten. Ein Stichwortverzeichnis hilft, im gesamten Buch Gestaltungsideen und konkrete Anregungen zu verschiedenen Themen und Problemstellungen zu finden.
Wir wünschen allen, die mit diesem Buch arbeiten, daß ihnen ein Jugendgottesdienst gelingt, der zum eigenen Gottesdienst der Jugendlichen wird.

Mechthild Bangert, Roland Schwarz, Christine Tröger

Zehn Ausgangspunkte »Nicht vergessen!«

Die Bedeutung

Trotz der oft geringen Akzeptanz von Gottesdienst bei Jugendlichen ist der Gottesdienst immer noch *die* Form, *gemeinsam mit anderen* den christlichen Glauben vor Gott zu bezeugen, sich das befreiende Handeln Jesu Christi zu *vergegenwärtigen* und in diesem Geist *miteinander zu feiern*. Vielen Haupt- und Ehrenamtlichen geht es deshalb immer wieder darum, Gottesdienst ansprechender zu gestalten.

Das Profil

Das Profil eines Jugendgottesdienstes läßt sich durch Charakteristika beschreiben, die jeden Gottesdienst beleben:

- Der Gottesdienst steht unter einem *Thema*, das möglichst aktuell und konkret ist.
- Es gibt *verschiedene Gestaltungselemente* über die Wortverkündigung hinaus.
- Die GottesdienstbesucherInnen werden so weit wie möglich *beteiligt*.

Die Beteiligung

Der Gottesdienst wirkt auf Jugendliche einladend, wenn er gemeinsam mit ihnen vorbereitet wird. Sie selbst können dann Themen und Gestaltungsideen einbringen und sich so mit dem Gottesdienst identifizieren, daß es *ihr* Gottesdienst wird. Beteiligung von Jugendlichen in der Vorbereitungs- und Durchführungsphase trägt wesentlich zum Gelingen eines Jugendgottesdienstes bei.

Die Vorbereitung

Eine besondere Rolle kommt deshalb von Anfang an der Vorbereitungsgruppe zu. Es kommt darauf an, interessierte Jugendliche zu finden, die sich auf den Vorbereitungs- und Gestaltungsprozeß einlassen. Dabei ist es sinnvoll,

engagierte Jugendliche so früh wie möglich ins gottesdienstliche Geschehen miteinzubeziehen. Positive Kindergottesdiensterfahrungen können einen wichtigen Hintergrund liefern. Genauso wirkt auch eine KonfirmandInnenzeit motivierend, in der die Gestaltung von Gottesdiensten dazugehört.
Die Jugendlichen erkennen schnell, daß sie sich mit ihren Themen und Fragestellungen einbringen können, daß sie gebraucht werden. Persönliche Interessen und Fähigkeiten kommen zum Zuge, wenn es darum geht, Texte zu formulieren, eine Kulisse für den Gottesdienst zu gestalten, Musik zu machen, Gottesdienst-Aktionen zu entwickeln, Theater zu spielen oder das Einladungsplakat zu entwerfen.
In einem ersten Treffen der Vorbereitungsgruppe kommt es darauf an, daß die Jugendlichen ihre Anliegen einbringen und daß sie Spaß daran haben, sie gemeinsam mit anderen »gottesdienst-like« zu machen.
Jugendliche bevorzugen es heutzutage, sich nur für einen überschaubaren Zeitraum zu engagieren. Der Vorbereitungsprozeß ist entsprechend zu gestalten, damit der Spannungsbogen durchgehalten werden kann. Das ist abhängig vom Thema, der Situation und der jeweiligen Gruppenzusammensetzung.
Gelingt es, Jugendliche mehrmals für eine Gottesdienstvorbereitung zu gewinnen, ist ein wesentlicher Schritt für ein »festes« Vorbereitungsteam gemacht.
Eine entscheidende Rolle fällt den Hauptamtlichen in Form kontinuierlicher Begleitung und Moderation zu. Sie gewährleisten die Stabilität bei aller personeller Fluktuation, da Jugendliche sich nicht gerne langfristig binden.

Die Ausgangssituation

Die jeweilige konkrete Ausgangssituation wirkt sich auf die Zielsetzung des Jugendgottesdienstes und seine Gestaltung aus. Es gibt z. B. an vielen Orten so etwas wie eine Jugendgottesdienst-Tradition: in regelmäßigen Abständen werden solche Gottesdienste angeboten.
Bei einer Umfrage zum Thema »Praxis des Jugendgottesdienstes« in der Evang.-Luth. Kirche in Bayern wurde deutlich, daß an Orten, wo mit einer gewissen Regelmäßigkeit Jugendgottesdienste stattfinden, etwa 3-4 Mal pro Jahr dazu eingeladen wird.[1]
Regelmäßig stattfindende Jugendgottesdienste wollen meistens ein breiteres Publikum ansprechen. Auch Erwachsene, die einen Gottesdienst mit alternativen Gestaltungselementen suchen, nehmen gerne daran teil.

1. Diese Umfrage wurde 1995 im Bereich der Jugend- und Gemeindearbeit der Evang.-Luth. Kirche in Bayern vom zuständigen Amt für Jugendarbeit durchgeführt.

Immer wieder gibt es konkrete Anlässe für einen Jugendgottesdienst, z. B. eine EINE-Welt-Aktion oder die Taufe eines/einer KonfirmandIn.
Entscheidend ist es, den vorfindlichen »Traditionen« in der Gemeinde, des Verbandes usw. nachzuspüren. Dies hat besonders auf Gemeindeebene etwas damit zu tun, welchen Platz, welche Entfaltungsmöglichkeit Jugendliche dort haben.

Die Zielgruppe

Jugendgottesdienste entwickeln sich immer häufiger zu Projekten im Rahmen der Jugendarbeit. Grundsätzlich ist eine Verankerung in der jeweiligen vorgegebenen Jugendarbeitsszene sinnvoll und notwendig.
Die Situationsbezogenheit von Jugendgottesdienst kann auch dazu führen, eine bestimmte Gruppe von Jugendlichen anzusprechen, z. B. die KonfirmandInnen oder die jüngeren Ehrenamtlichen usw.
Die Entscheidung, welche (Aus)Prägung der Gottesdienst erhält, ist abhängig von der jeweiligen Zielgruppe.

Der Zeitpunkt

Ein Gottesdienst, der in besonderem Maße Jugendliche ansprechen will, wird so gestaltet sein, daß er ihre Bedürfnisse aufnimmt. Er findet meistens zu einer alternativen Uhrzeit gegenüber dem traditionellen Sontagmorgengottesdienst statt – manchmal werktags oder sonntags gegen Abend. Welcher Zeitpunkt günstig ist, entscheidet sich vor Ort.

Der Gemeindegottesdienst

Als Alternative zum separaten Jugendgottesdienst wird der sonntägliche Gemeindegottesdienst entsprechend vorbereitet und durchgeführt. Beide Formen haben ihren Sinn je nach konkreter Situation. Wer der Zersplitterung in viele verschiedene Zielgruppengottesdienste entgegenwirken will, wird einen von Jugendlichen gestalteten sonntäglichen Gemeindegottesdienst vorziehen. Die Vorbereitungsgruppe muß allerdings zu mehr Kompromissen bereit sein, um die »Kerngemeinde« nicht zu vergraulen.

Der Anlaß

Ein Jugendgottesdienst, der eher »von außen« in Auftrag gegeben wird (z. B. im Rahmen des Gemeindefestes vom Kirchenvorstand/Presbyterium), bezieht sich meistens auf einen konkreten Anlaß. Vom Thema her sind die Spielräume dann entsprechend eingeengt. Eine Vorbereitungsgruppe bildet sich häufig nur für diesen speziellen Anlaß.

Die Ausgangsfragen

Die jeweilige Situation am konkreten Ort mit den dort befindlichen Menschen prägt die Gestaltung eines Jugendgottesdienstes.
Im Vorfeld geht es darum, sich die Ausgangssituation und die Rahmenbedingungen für Jugendgottesdienst(e) bewußt zu machen:

- Welche Gottesdienst-Traditionen bestehen in der Gemeinde, im Verband, in der Gruppe, in der spezifischen Situation?
- Wie kann es gelingen, möglichst viele, vor allem Jugendliche an der Vorbereitung und Gestaltung zu beteiligen?
- Welche Rolle spielt Gottesdienst grundsätzlich im Rahmen des jeweiligen (Gemeinde)Selbstverständnisses?
- Welche Kompetenzen, Fähigkeiten, Interessen, Motivationen sind vor Ort vorhanden und lassen sich für den Jugendgottesdienst ansprechen?
- Gibt es Hindernisse, die einem Jugendgottesdienst entgegenstehen?
- Es ist hilfreich, wenn die verschiedenen Schritte auf dem Weg zum Gottesdienst von Anfang an deutlich werden.

Mechthild Bangert

Merkblätter

Zielgruppe

Zielgruppe bestimmt Inhalt und Ablauf
Ist Integration von Behinderten möglich?
Ist ökumenische Zusammenarbeit möglich?
Zusammenarbeit mit Schulen?

Zeitpunkt und Vernetzung

Datum
Zeitrahmen
Vernetzung im Gemeindeleben
Absprachen
Koordination

Rahmen

Einzelveranstaltung oder innerhalb eines Gesamtprogrammes?
z. B. Freizeit, Jugendtag …
Kontext
Auch der Rahmen bestimmt die Gestaltung
z. B. Kirchenjahr

Ort

Kirche
Gemeindehaus
im Freien
Entspricht der Ort dem Vorhaben des Gottesdienstes?
Sind die Räumlichkeiten für den Gottesdienst verfügbar?
Behindertengerechte Räume?

Inhalt

Was ist die Botschaft?
Welche theologischen Überlegungen leiten uns?
Musikalische Gestaltung
Stimmige Gottesdienstdramaturgie

Thema

Rahmenthema finden
Konkretion / Eingrenzung des Rahmenthemas
Ideen, Bausteine zum Thema zielgruppenentsprechend suchen

Werbung

Wie und wo wird geworben?
Handzettel / Plakate
Gemeindebrief
Pressearbeit
Druckerei

Rückblick und Ausblick

Reflexion:
Was war gut, was war schwierig?
Merkposten für künftige Gottesdienste
weitere Verabredungen
Öffentlichkeitsarbeit (z.B. Berichte im Gemeindebrief, Presse o.ä.)

Organisation

Wer ist verantwortlich?
Aufgabenverteilung
Materialliste
Zeitplan
Finanzplan

Die Vorbereitung
Planen und Entscheiden

Wenn ein Jugendgottesdienst gelingen soll, ist auf eine Vielzahl von Bedingungen zu achten. Eine Mehrzahl von Entscheidungen ist in den Blick zu nehmen und zu fällen. Doch es lohnt sich, diese Zeit zu investieren. Dabei geht es um folgende Dimensionen.
Eine Checkliste (siehe Seite 25) soll helfen, sie im Blick zu behalten.

Zielgruppe

Noch bevor sich das Team an die Themensuche macht, die sich z.T. aus dem Anlaß ergibt, muß es sich über die Zielgruppe/n des Jugendgottesdienstes klar werden:

- Sollen nur Jugendliche angesprochen werden?
- Handelt es sich um KonfirmandInnen z. B. im Rahmen einer Konfirmandenfreizeit?
- Findet der Gottesdienst für die gesamte Gemeinde statt?
- Richtet sich der Gottesdienst an eine bestimmte Altersgruppe, z. B. bei einem Jugendgottesdienst auf einem Jugendfestival oder Jugendtag oder einem Schuljahresabschlußgottesdienst für bestimmte Klassenstufen?
- Sind auch Kinder dabei, z. B. bei einem Gemeindefest?
- Werden behinderte Jugendliche an dem Gottesdienst teilnehmen?
  Wenn behinderte Jugendliche zum Jugendgottesdienst eingeladen werden, die noch keinen oder kaum Kontakt zur Jugendarbeit der Gemeinde haben, ist auf diese Zielgruppe gesondert zuzugehen. Neben dem allgemeinen Bekanntgeben des Jugendgottesdienstes sollten Jugendliche mit Behinderungen persönlich eingeladen werden, denn selten erwarten sie, daß das Angebot auch für sie geeignet und zugeschnitten ist, dies gilt vor allem für Jugendliche mit einer geistigen Behinderung. Aushänge in den Schaukästen der Behinderteneinrichtungen sowie Einladung durch den Gemeindebrief empfehlen sich, reichen aber selten aus, denn oft sind für die Angehörigen noch einige Fragen zu klären, z. B.:
- wie werden die Menschen mit Erschwernissen betreut (ist ggf. Einzelbetreuung möglich?)

- welche Hilfestellungen gibt es? (Fahrdienst, Pflegehilfe, behindertengerechte Räume/Toiletten etc.)
- oft sind Ängste vorhanden und abzubauen, z. B. davor daß bestimmte Verhaltensweisen eines behinderten Jugendlichem im Gottesdienst störend sein könnten.
  Einem Team, das sich zum erstenmal dieser Zielgruppe öffnet, ist zu empfehlen, MitarbeiterInnen aus der Behindertenarbeit für die Teamarbeit zu gewinnen. So können Befürchtungen, Ängste und Probleme schon im Vorfeld angesprochen und abgebaut werden.
  Sinnvoll kann mitunter sein, vorher persönliche Kontakte mit den behinderten Jugendlichen zu knüpfen, um eine Vertrauensbasis herzustellen. Menschen mit einer geistigen Behinderung können sich selten ohne vertraute Kontaktperson von jetzt auf gleich in einer ihnen unbekannten Gemeinschaft wohlfühlen.

Die Zielgruppenbeschreibung ist sehr wichtig, denn nur, wenn sie klar ist, können auch Inhalte, Thema, Rahmen, Ablauf (Sprache, Musik ...) entsprechend darauf abgestimmt werden.

Zeitpunkt und Vernetzung

Datum, Zeitpunkt und Zeitrahmen

Der Anlaß bestimmt Datum und Zeitpunkt des Gottesdienstes. Geklärt werden muß im Vorfeld, ob der Jugendgottesdienst als Sonntagmorgengottesdienst stattfinden soll oder ob ein anderer Zeitpunkt günstiger wäre. Denn häufig finden Jugendgottesdienste am Abend und nicht unbedingt am Sonntag statt. Dies erfordert eine längere Planungsphase, denn es muß besonders dafür geworben werden. In jedem Fall sollte ein Jugendgottesdienst nicht zu kurzfristig geplant werden, damit für alle Vorbereitungen genügend Zeit bleibt.

Jugendgottesdienste auf einer Freizeit

Hier muß lediglich im Vorfeld geklärt werden, ob während der Freizeit ein Gottesdienst stattfinden soll, so daß alle notwendigen Materialien wie Liederbücher, Bibeln, Kerzen, Texte usw. mitgenommen werden können. Die eigentliche Vorbereitung kann zusammen mit den TeilnehmerInnen während der Freizeit stattfinden.

Jugendgottesdienst auf Gemeindeebene (Vorlaufzeit ca. 4 Wochen)

Erscheint der Gemeindebrief z. B. nur vierteljährlich, ist es gut, hier schon rechtzeitig Datum und Uhrzeit festzulegen, damit auch dort geworben und der Jugendgottesdienst in die Ankündigung der Gottesdienste mit aufgenommen werden kann.

Jugendgottesdienst auf Dekanatsebene

Hier ist die Vorlaufzeit, hauptsächlich wegen der Werbung, länger als auf der Gemeindeebene, aber auch Raumfragen und andere organisatorische Dinge können eine längere Vorlaufzeit notwendig machen.
Je größer der Einzugsbereich, desto länger der Vorlauf, wobei es hier hauptsächlich um die rechtzeitige Terminierung geht. Dies ist auch Voraussetzung für einen guten Informationsfluß an alle MultiplikatorInnen für die Zielgruppe.
Ein Jugendgottesdienst, der am Sonntagvormittag stattfindet, sollte den Zeitrahmen eines »normalen« Gottesdienstes nicht überschreiten. Findet er zu einem Sondertermin statt, kann der Zeitrahmen erweitert werden. Dies wird jedoch vom Ziel des Gottesdienstes und den geplanten Inhalten bestimmt, wie z. B. Diskussionsgruppen innerhalb des Gottesdienstes, stille Zeiten, Arbeitsgruppen, gemeinsames Essen usw.
Beim Planen des Ablaufes gilt es jedoch, den Faktor Zeit nie aus den Augen zu verlieren, denn auch ein Gottesdienst braucht einen Spannungsbogen. Er sollte weder langatmig sein, noch von zu vielen Elementen überfrachtet, das überfordert die BesucherInnen nur und verfehlt seine Botschaft.

Jugendgottesdienst im Jugendverband

Hier gestaltet sich die Vorbereitung auf den entsprechenden Ebenen des jeweiligen Verbandes ähnlich wie oben beschrieben.

Terminliche und organistorische Vernetzung

Besonders auf der Gemeindeebene ist es unabhängig von der Zielgruppe (Jugendliche/gesamte Gemeinde) wichtig, daß keine Parallelveranstaltungen stattfinden. Absprachen unter den Hauptberuflichen der Gemeinde sind unbedingt notwendig. So ist es z. B. ungünstig, wenn der Jugendgottesdienst

für ein Wochenende geplant ist, an dem alle KonfirmandInnen auf einer Konfirmandenfreizeit sind.
Nur wenn ein Jugendgottesdienst wirklich in die Gemeindearbeit eingebettet ist, erhält er auch den Stellenwert, der ihm zusteht bzw. zustehen sollte.
Bei Jugendgottesdiensten auf Dekanatsebene ist es hilfreich, wenn Kooperationspartner in den anderen Gemeinden gefunden werden, die die gesamte Veranstaltung mittragen.
Jugendgruppen sind heute häufig schon gemischtkonfessionell, und so bietet es sich an, den Gottesdienst ökumenisch zu gestalten. Oft sind gerade auf der Jugendebene ökumenische Kontakte leichter und »unkomplizierter« zu knüpfen als auf der Erwachsenenebene.
Eine weitere Kooperation bietet sich unter Umständen mit den umliegenden Schulen an, vor allem bei Schuljahresanfangs- und – abschlußgottesdiensten, aber auch bei besonderen Projektgottesdiensten.
Im übrigen lohnt ein Blick in den Kulturkalender der städtischen Gemeinde, damit man nicht mit anderen für Jugendliche interessanten Veranstaltungen zu konkurrieren hat.
Generell gilt: Ein Blick über den eigenen Kirchturm hinweg ist immer nützlich.

Rahmen des Gottesdienstes

Anlaß und Zeitpunkt bestimmen auch schon den Rahmen des Gottesdienstes.
Ein Jugendgottesdienst innerhalb eines Gemeindefestes wird anders aussehen als eine Einzelveranstaltung an einem Sonntagabend.
Ein Jugendgottesdienst bei einem Jugendtag oder Gemeindefest muß in das Gesamtprogramm eingebettet sein, soll er nicht zu einer aufgesetzten Sache werden. Als Auftaktveranstaltung eines solchen Festes sieht er sicherlich anders aus und wird andere Inhalte haben als ein Abschlußgottesdienst.
Bereiten unterschiedliche Teams den Gottesdienst und den Jugendtag vor, muß sichergestellt werden, daß die Planungen aufeinander abgestimmt werden.
Bei einer Einzelveranstaltung, z. B. einem Jugendgottesdienst am Abend, muß geklärt werden, ob es ein Vor- oder Nachprogramm (z. B. anschließendes Beisammensein) geben soll. Wichtig bei allen Rahmenprogrammen ist die Klärung: Wer ist für diese Vorbereitung und Planung sowie Durchführung verantwortlich?

Thema

Rahmenthema

Die Suche nach einem Rahmenthema ist hilfreich für die Festlegung eines konkreten Themas bzw. Titels für den Jugendgottesdienst. Meistens bestimmt allein schon der Anlaß das Rahmenthema (Weihnachten, Ostern, Jahresschlußgottesdienst, Abschlußgottesdienst eines Jugendtages, Freizeitgottesdienst, Kirchentag, Konziliarer Prozeß etc.).

Konkretion des Themas innerhalb des Teams

Das Rahmenthema muß nun auf ein konkretes Thema eingegrenzt werden. Dabei sollte sowohl der Anlaß, die Zielgruppe/n und die Intention des Gottesdienstes nicht aus den Augen verloren werden. Das Thema kann sich wiederum aus dem Anlaß ergeben, aus einer spontanen Idee eines Teammitgliedes, aus einem Lied, das unbedingt im Jugendgottesdienst gesungen werden soll oder ähnlichem. Hilfreich ist hier oft ein Brainstorming aller Teammitglieder, ein Sammeln aller spontanen Ideen, auch wenn sie zunächst auch noch so unsinnig erscheinen. Dieses zunächst zufällige Sammeln von Ideen ist meist recht kreativ. Gerade weil es zunächst einmal unstrukturiert geschieht, kommt man so normalerweise näher an das aktuelle Thema.
Steht das Thema fest, kann ein ›spritziger‹ Titel für den Gottesdienst gefunden werden. Er sollte ansprechend sein, eindeutig, aber noch nicht zu viel verraten von dem, was kommt. Kurze Titel sind immer besser als lange, man kann auch eventuell mit einem Untertitel arbeiten.

Konkretion des Themas in einem Gottesdienst

Steht Thema bzw. Titel erst einmal, ist schon die halbe Miete gewonnen. Jetzt heißt es, den Gottesdienst konkret zu gestalten, Elemente und Bausteine zu finden, um das Thema umzusetzen.
Hierzu gehört alles: von der Begrüßung, über Lieder, Gebete, Fürbitten, Predigt, Liturgie usw. Will man nicht alles selbst entwickeln oder schreiben, kann man auch auf vorhandene Materialien (siehe z. B. Bausteine in diesem Buch) zurückgreifen. Jedoch sollte ein Jugendgottesdienst nicht nur eine Aneinanderreihung von fertigen Bausteinen sein, da er sonst zu wenig von der Authentizität der GestalterInnen ausstrahlt. Texte und Bau-

steine sollten immer »übersetzt« werden in die jeweilige Situation hinein und nach Möglichkeit von den Beteiligten in ihrer Sprache umformuliert werden.
Rechtzeitig muß geklärt werden, ob z. B. eine Band oder ein Chor den Gottesdienst mitgestalten soll. Diese MusikerInnen brauchen rechtzeitig Absprachen, damit sie die gewünschte Musik bzw. die Lieder auch einüben können.
Wenn ein erster Ablaufplan fertiggestellt ist, ist zu überprüfen, ob alle Elemente dem Thema, der Zielgruppe und der Intention entsprechen und ob er den Wünschen/Vorstellungen des Teams entspricht. Und in keinem Fall sollte er nur eine Aneinanderreihung von Elementen sein. Spannungsbogen und Gesamtdramaturgie sind wichtig. Schon im Vorfeld sollte Klarheit darüber entstehen, ob man mit der gewählten Form nicht bestimmte Zielgruppen ausgrenzt, ohne es zu wollen. Bestimmte Themen bzw. Ausgestaltung können eine Ausgrenzung für bestimmte Gruppen/Menschen in der Gemeinde bedeuten. Dies sollte vermieden werden oder bewußt geschehen. Ein Gottesdienst, der sich an die Altersgruppe der 16-25Jährigen wendet, kann sicherlich Teile enthalten, die z. B. SeniorInnen nicht gefallen.

Raum

Jugendgottesdienste finden nicht notwendigerweise im Kirchenraum der jeweiligen Gemeinde statt, da sie oft einen experimentiellen Charakter haben. Die Räumlichkeiten haben aber in jedem Fall einen nicht zu unterschätzenden Einfluß auf einen gelungenen Ablauf.
Auf keinen Fall dürfen die Verantwortlichen bei den Vorbereitungen die Räume aus den Augen verlieren.
Feststehende Kirchenbänke können z. B. bei Diskussionsgruppen oder anderen geplanten Gruppenarbeiten sehr hinderlich sein. Ebenso sind die KüsterInnen nicht unbedingt begeistert, Wachsflecken auf den Kirchenbänken vorzufinden, wenn z. B. während des Gottesdienstes Kerzen ausgegeben werden: alles eigentlich Kleinigkeiten und Selbstverständlichkeiten, die aber in der Vorbereitung zu bedenken sind.
Die Frage ist also: Sind die vorhandenen Räumlichkeiten für das, was das Team plant, geeignet bzw. können sie so verändert werden, daß man das Geplante ohne große Schwierigkeiten durchführen kann?
Findet ein Rahmenprogramm statt, z. B. anschließend ein gemeinsames Essen, müssen auch hierfür die notwendigen Räumlichkeiten und die entsprechende Ausstattung vorhanden sein.

Werbung

Ein guter Gottesdienstbesuch steht und fällt mit einer guten Werbung. Da helfen kein noch so gutes Konzept und nicht nur gute Inhalte. Wenn keiner außer der Vorbereitungsgruppe weiß, daß es sich um eine gute Sache handelt, wird niemand kommen.
Auf die notwendige Vernetzung mit sonstigen Veranstaltungen wurde schon hingewiesen. Ein rechtzeitiges Bekanntmachen des Gottesdienstes im Gemeindebrief, mit Handzetteln und Plakaten, sowie ein Hinweis im Veranstaltungskalender des Stadtteils, und/oder der Tageszeitung sind notwendig. Plakate und Handzettel können in den umliegenden Schulen ausgehängt bzw. verteilt werden. So erreicht man auch Jugendliche, die sonst wenig Kontakt mit Kirche haben.
Egal, wo die Werbung erscheint: wichtig ist, daß Informationen enthalten sind, wie Titel/Thema des Jugendgottesdienstes, Zielgruppe, Zeitpunkt und Ort. Je klarer und deutlicher die Information ›rüberkommt‹, desto besser. Die Plakate und Handzettel sollten ansprechend und werbend gestaltet sein. Man sollte Lust bekommen und neugierig gemacht werden. Nur wenn Jugendliche das Gefühl vermittelt bekommen: »das ist was für mich« oder: »es könnte interessant sein«, werden sie kommen.
Gibt es z. B. Jugendgottesdienste in einem bestimmten Rhythmus, ist zu überlegen, ob man ein *Grundplakat* entwirft, daß immer wieder verwendet wird. So ist ein Wiedererkennungseffekt gegeben. Auf den ersten Blick sollte erkennbar sein: das ist wieder ein Jugendgottesdienst der Gemeinde X/des Verbandes Y!
Gute Plakate und Handzettel sind immer eine Kostenfrage, aber meistens finden sich unter den Jugendlichen künstlerische Talente, die kostengünstig Entwürfe liefern können. Und es lohnt sich in jedem Fall, für den Druck mehrere Kostenvoranschläge bei verschiedenen Druckereien einzuholen – kleine Druckereien sind oft wesentlich kostengünstiger.

Organisation

Eine inhaltliche Vorbereitung mag noch so gut sein – wenn die Organisation nicht stimmt, wird sich das auf den Gottesdienst auswirken. Deshalb eine kurze Zusammenfassung der wichtigsten Punkte:

Verantwortliche

Wer ist für was im Team verantwortlich? Es braucht nicht nur MitstreiterInnen im inhaltlichen Teil, sondern auch für:

- Aufbau und Abbau von Material, Musikanlage, Raumgestaltung
- Wer übernimmt die Werbung und Pressearbeit?
- Wer macht das Liedblatt?
- Verpflegung
  Wer kauft die Lebensmittel und Getränke ein, wenn es nach dem Gottesdienst noch einen Imbiß oder ähnliches geben soll? Was braucht es sonst noch für ein eventuelles Rahmenprogramm? Wer kümmert sich darum, daß alles vorbereitet ist und daß genügend Gläser und Teller und ähnliches vorhanden sind?
- Technik
  Ist alles in der Gemeinde vorhanden, oder muß z. B. eine Musikanlage ausgeliehen werden (Kulturämter der Stadt- und Kreisjugendringe sind hier hilfreiche Adressen, dort kann man meist kostenlos alles Nötige ausleihen). Sind genügend Mikrophone vorhanden, so daß sie für alle SprecherInnen reichen?
- Material
  Was wird gebraucht? Wo ist es? Und wer ist dafür verantwortlich, daß es beim Gottesdienst vorhanden ist? Z. B. Stifte und Papier für bestimmte Aktionen, Diaprojektor, Kerzen usw. Muß noch etwas eingekauft werden? Gerade bei kreativen Gottesdiensten ist es wichtig, daß alle nötigen Materialien an Ort und Stelle sind, wenn sie gebraucht werden. Pannen gibt es zwar immer wieder, aber es ist für alle beruhigender zu wissen, daß alles, was man braucht, vorhanden ist, sonst kippt die Spannung bei einem inhaltlichen Teil, nur weil das Material fehlt oder am falschen Platz liegt.
  Es ist sinnvoll, eine Materialliste anzufertigen und dort auch gleich festzuhalten, wer dafür verantwortlich zeichnet.
- Schlüssel für die Kirchenräume
  Nicht zuletzt muß im Vorfeld geklärt werden, wer die Schlüssel für die benötigten Räumlichkeiten hat. Nichts ist hinderlicher, als wenn man im letzten Moment z. B. feststellt, daß die Abstellkammer, in der sich der Diaprojektor befindet, den man für die Meditation braucht, verschlossen ist und der Schlüssel sich bei einem Nichtanwesenden befindet. Oder daß der Sicherungskasten an einer nichtzugänglichen Stelle ist, nachdem z. B. durch eine zu wattstarke Bandanlage Sicherungen herausgeflogen sind.

Zeitplan

Genauso, wie eine Materialliste nötig ist, braucht es einen Zeitplan:
Hier sollte man rechtzeitig folgende Dinge festhalten:

- Vorbereitungstermine für das Team, Chor und oder Band. Es sollte genügend Zeit sein, sowohl für die inhaltliche wie organisatorische Vorbereitung, Band und/oder Chor brauchen Zeit zum Einüben von Songs, vor allem wenn diese nicht so bekannt sind.
- Termine für Werbung und Pressearbeit
- Werbung für zusätzliche MitarbeiterInnen
- Ablaufplan des Gottesdienstes mit Festlegen der Zuständigkeiten für die einzelnen Abschnitte.

Finanzen

Und last but not least ist eine Finanzplanung nötig. Abgeklärt werden muß zunächst, welcher finanzielle Rahmen vorhanden ist und auf der anderen Seite was gebraucht wird für:

- Material
- Leihgebühren Musikanlage
- Chor oder Band
- Werbung und Porto
- Essen (wobei hier auch ein Kostenbeitrag verlangt werden kann)
- Sonstiges

Abklären sollte man mit verschiedenen Stellen, Stadtjugend- oder Kreisjugendring, Amt für Jugendarbeit und sicherlich auch mit dem eigenen Kirchenvorstand, ob es für Sonderprojekte Zuschüsse Dritter gibt und in welcher Höhe.
Wichtig ist in jedem Fall, daß die Finanzen im Vorfeld abgeklärt sind, will man nicht böse Überraschungen erleben. Dies gilt auch für Jugendgottesdienste, die im Rahmen der Jugendverbandsarbeit durchgeführt werden.

Christine Tröger

Checkliste

1. Zielgruppe:
- Nur Jugendliche
- Konfirmanden
- Gesamtgemeinde
- Ist eine spezielle Zielgruppe zu berücksichtigen (z. B. Jugendliche mit einer Behinderung)?
- Konfessionsgebundener oder ökumenischer Gottesdienst?

2. Zeitpunkt und Vernetzung:
- Datum (rechtzeitig festlegen)
- Uhrzeit
- Zeitrahmen

3. Rahmen
- Eigene Veranstaltung oder Teil einer Veranstaltung?
- Ein Team oder mehrere Teams?
- bei mehreren Teams Planungstreffen für gemeinsame Absprachen nicht vergessen!
- Abstimmung mit anderen Veranstaltungen in der Gemeinde
- Kooperationspartner außerhalb der eigenen Gemeinde?

4. Thema:
- Rahmenthema finden
- Thema und Titel festlegen
- Anlaß, Zielgruppe und Intention nicht aus den Augen verlieren!
- Überprüfung, ob der Ablauf auch dem Thema, dem Anlaß, der Intention, der Zielgruppe und den Wünschen/Vorstellungen des Teams entspricht.

5. Ort:
- Räumlichkeiten müssen für den Ablauf geeignet sein.
- Sind alle Räume für RollstuhlfahrerInnen zugänglich?
- Information an alle Verantwortlichen
- Sind die gewünschten Räume zum gewünschten Termin frei?

6. Werbung:
- Wo und wie soll geworben werden?
- Werden Handzettel verschickt/verteilt, gibt es Plakate?
- Soll auch in den Schulen geworben werden? Anzahl?

- Wer ist für die Werbung verantwortlich (Gestaltung, Absprachen Druckerei, Kosten, Verteilung)?
- Pressearbeit, wer macht sie?

7. Organisation:
- Organisationsplan erstellen. Wer ist für was verantwortlich, sowohl inhaltlich wie organisatorisch?
- Materialliste erstellen
- Zeitplan für die Vorbereitung, inhaltlich und organisatorisch, erstellen
- Finanzplan aufstellen

Finanzplan für einen Jugendgottesdienst

Ausgaben		**Einnahmen**	
Materialkosten:		**Eigener Haushalt**	
Kerzen			
Stifte, Papier		**Zuschuß vom Kirchenvorstand**	
ev. für kleine Symbole oder Geschenke, die verteilt werden sollen			
		Zuschüsse Dritter	
		Einnahmen durch Getränke und Speisenverkauf	
Werbung:			
Handzettel			
Plakate			
Liedblätter			
technische Geräte:			
Leihgebühren für			
Licht oder Tonanlage			
Mikrophone			
Band/Chor:			
Essen und Getränke:			

Der Gottesdienst

Message
Die theologische Zielbestimmung

Sich vergewissern, was im Gottesdienst wichtig ist

Bei der Vorbereitung von Jugendgottesdiensten kommt es häufig zu folgendem Phänomen: Viele attraktive Gestaltungsideen werden gesammelt, um die Neugier und Aufmerksamkeit Jugendlicher zu wecken, immer tollere Gestaltungsideen werden produziert, um Anreize zum Gottesdienstbesuch zu schaffen. Der »Entertainment«-Anspruch wird immer größer.
Unter diesem Druck kommt dann oft die Gesprächsphase zu kurz, die sich mit der Fragestellung beschäftigt: »Was wollen wir eigentlich inhaltlich mit diesem Gottesdienst aussagen? Welche theologischen Überlegungen leiten uns bei dem Thema? Welche Botschaft ist uns wichtig?«
Ob ein Gottesdienst gelingt, hängt nicht allein von pfiffigen Gestaltungsideen ab. Wichtig ist es, immer wieder zu überprüfen, ob das, was inhaltlich vermittelt wird, auch mit der Art und Weise übereinstimmt, wie das geschieht.

Sich dem Thema theologisch nähern

In einem ersten Schritt des gemeinsamen Gesprächs geht es darum, die wichtigste(n) inhaltliche Aussage(n) des Gottesdienstes zu formulieren. Dazu gehört auch die Berücksichtigung des gesamten Zusammenhanges, in dem der Gottesdienst steht (das Kirchenjahr, besondere Gemeindeereignisse, usw.). So gelingt auch eine pointierte Themenformulierung leichter.
Wenn es um den Umgang mit Zeit geht und der Gottesdienst vor den Sommerferien stattfindet, bekommt das Thema eine andere Prägung (»Aus-Zeit«) als im November mit den unterschiedlichen Totengedenktagen (»Meine Zeit in Gottes Händen«).
Entscheidend wird in diesem Zusammenhang neben dem Bezug zur Situation der Bezug zu einem biblischen Text, einer biblischen Aussage. Welchen Stellenwert hat dieser Text, gehe ich von ihm aus oder läuft es auf ihn zu? Ist er interpretierende Begleitmelodie oder setzt er etwas in Gang, von dem her sich alle Aussagen entfalten?

Die Vorbereitungsgruppe steht vor der Herausforderung, sich klar darüber zu werden, in welchen theologischen Kontext sie den Gottesdienst stellt. Welche zentralen religiösen Fragestellungen von Jugendlichen gilt es aufzunehmen, die das Woher und Wohin und Wozu ihres Lebens betreffen? Mit welchen biblisch-theologischen Aussagen können sie verbunden oder konfrontiert werden?
Im gemeinsamen Gespräch können folgende Fragen weiterführen:

- Wo trifft mich das Thema? Was verbinde ich persönlich damit an Erlebnissen, Fragen, Ängsten, Hoffnungen? Wo fühle ich mich herausgefordert?
- Was möchte ich bei anderen in Bewegung setzen, anstoßen?
- Wo entdecke ich für mich und für andere Hilfestellungen, Kraftquellen, Erfahrungen von Begleitung?
- Was hat Gott mit dem Thema überhaupt zu tun?
- Gibt es für mich eine spezifisch christliche Sicht/Deutung der angesprochenen Situation?
- Was und wieviel muß offenbleiben – denn ein Gottesdienst ist zeitlich begrenzt?

Theologisches Selbstbewußtsein stärken

Dieser eher persönliche, existentielle Zugang zu theologischen Fragen bietet sich in einer Gruppe verschieden geprägter Menschen an. Theologisch ausgebildete MitarbeiterInnen sollten in dieser Phase ihre theologische Prägung und ihr Wissen anderen nicht überstülpen, sondern zuhören, was bei denjenigen in Bewegung kommt, die unvoreingenommen und unmittelbar mit einem biblischen Text umgehen. Theologische Kompetenz haben alle, die ihr Leben im Fragen und Antworten auf Gott beziehen. In diesem Bereich das Selbstbewußtsein anderer zu stärken, ist eine wichtige Aufgabe theologisch ausgebildeter MitarbeiterInnen.

Tiefe und Intensität im Gottesdienst fördern

Allmählich wird die Vorbereitungsgruppe im Laufe der Diskussion eine gemeinsame inhaltliche Zielrichtung finden. Manchmal bedeutet dies ein langes, zähes Ringen. Wer diese Phase der Vorbereitung zuläßt, wird Tiefe im Gottesdienst ermöglichen.
Werden Lebensgeschichten oder biographisch verankerte Glaubenserlebnisse erzählt, bietet dies Jugendlichen Identifikationsmöglichkeiten und Anknüpfungspunkte. So können Jugendliche ein Gespür für das entwickeln, »was sie unbedingt angeht«[1]. Damit sind sie schon mitten in *ihrem* Gottesdienst.

1. Nach Paul Tillich.

Der Bedeutung von Spiritualität auf die Spur kommen

Der Geist Gottes weht bekanntlich, wo er will. Dennoch ist ein Austausch über das, was die Gruppe unter spirituellen Erfahrungen versteht und welche sie sich wünscht, sinnvoll.

Jugendgottesdienst als Feier oder Jugendgottesdienst als Gemeinschaftserlebnis muß kein Gegensatz sein. Allerdings hat eine Entscheidung über das Schwergewicht sicherlich Auswirkungen auf die Gestaltung.

Ein Gottesdienst kann eher meditativen Charakter haben, der Raum gibt, den eigenen Gedanken nachzuhängen, oder es geht um Austausch und gemeinsame Aktionen. Ein Taizé-Gebetsgottesdienst wirkt anders als ein »Eine-Welt-Gottesdienst«, in dem es auch um Information geht.

Wenn sich die Vorbereitungsgruppe darüber klar werden will, welchen Schwerpunkt sie wählt, legen sich in dieser Phase der Eingrenzung und Festlegung des Inhaltes einige Fragen nahe:

- Wollen wir an spirituellen, glaubensmäßigen Erfahrungen anknüpfen, ihnen Raum geben oder solche anstoßen?
- Wollen wir verkündigen, inhaltliche Impulse setzen, etwas vermitteln? Wollen wir evangelisieren oder missionieren?
- Wollen wir die Möglichkeit von Begegnung und Gemeinschaftserleben schaffen oder den eingeladenen Jugendlichen besondere gemeinsame Aktionen bieten?

Die Jugendgottesdienst-Vorbereitungsgruppe kann sich zu einer Gemeinschaft entwickeln, die ihre eigene Spiritualität entdeckt und im gemeinsamen Austausch ihre theologische Kompetenz erhöht.

Mechthild Bangert

Roter Faden

Die liturgische Gestaltung

Jugendgottesdienst lebt von einer guten Dramaturgie

Jeder Gottesdienst hat eine besondere Dramaturgie, sie kann vorgegeben sein oder sie entwickelt sich situationsbezogen, themenspezifisch oder zielgruppenbezogen.

Im Bereich der Jugendgottesdienstgestaltung sind hierbei einige Aspekte besonders relevant:

- Jugendliche kommen heute mit einer hohen Anspruchshaltung in den Gottesdienst, was Dramaturgie und Veranstaltungen betrifft. Jede Fernsehshow, jeder Film, jedes Popkonzert, jedes Sportereignis, jedes Discoevent, jeder Videoclip bietet in der Regel eine ausgefeilte Dramaturgie. Das Wahrnehmungs- und Teilnahmeverhalten Jugendlicher ist stark geprägt von diesen Ereignissen und Erfahrungen, mit denen sie häufig und oft sehr intensiv konfrontiert sind, gerade in der heute von den Medien stark geprägten Wirklichkeit. Sie haben deshalb oft ein feines Gespür für die Stimmigkeit von Form und Inhalt.
- Wenn sich Jugendliche von etwas nicht angesprochen fühlen, klinken sie sich aus. Es muß ihnen der Gottesdienst in lebendiger Weise ermöglichen, sich einzuschalten, zu partizipieren, dabei zu sein. Es geht Jugendlichen darum, gewissermaßen mitschwingen zu können. Sie suchen Elemente, die ihnen aus ihrer Erfahrung vertraut sind, an die sie anknüpfen können; aber genauso wollen sie auch überrascht werden, Neues entdekken, sich faszinieren lassen. Innere Beteiligung erfolgt meistens nur durch äußere Beteiligungsformen. Dann erleben Jugendliche einen Gottesdienst als lebendig.
- Jugendliche erwarten einen Spannungsbogen. Von daher legt es sich nahe, daß eine Veranstaltung mehrere Höhepunkte aufzuweisen hat, auf die hin Spannung entsteht und denen dann wieder Phasen der Entspannung folgen.

Ist es erlaubt, so von Gottesdienst zu sprechen? Je nach theologischer Tradition besteht sicherlich mehr Nähe oder mehr Distanz zu solcher Betrachtung. Dramaturgie erinnert an Inszenierung und da erhebt sich sofort der Verdacht der Selbstinszenierung der beteiligten Personen. In kritischer Selbstreflexion geht es deshalb darum festzustellen, welchem Ziel die Inszenierung dient.

Anknüpfungspunkte – das Geheimnis des Heiligen

Wenn wir über die Dramaturgie des Gottesdienstes bzw. den liturgischen »roten Faden« reden, müssen wir beachten, was die alten Formen geprägt hat, aber auch nach heute angemessenen Ausdrucksformen suchen. Vieles stimmt heute für uns und besonders für Jugendliche nicht mehr. So manches bietet sich als Anknüpfungspunkt aus der Erfahrungswelt Jugendlicher an, um passende Ausdrucksformen zu entwickeln. So manches religiöse Bedürfnis ist heute noch genauso wirksam wie vor Tausenden von Jahren.
Das Geheimnis des Göttlichen und die Erfahrung von Transzendenz fordert Jugendliche heute besonders heraus: Sie werden groß in einer Welt, in der fast alles machbar und erklärbar zu sein scheint, sich aber dann doch vieles rätselhaft entzieht.
Wenn heute von der Bedeutung »auratischer Orte« gesprochen wird, heißt das: Jugendliche haben ein besonderes Gespür für Orte mit einer besonderen Ausstrahlung (lat.: aura) oder suchen sie gerne und bewußt in bestimmten Situationen auf. Das können alte Kirchen, Ruinen, Höhlen, besondere Bauwerke oder Plätze in der Natur sein.[1]

Gottesdienst-Liturgie und Alltagsliturgien

Die Beschreibung, daß »das Heilige« den Alltag der Welt unterbricht und daß die Menschen sich nach diesen Unterbrechungen sehnen, kommt in vielen Vorlieben Jugendlicher zum Ausdruck. Wir tun also gut daran, uns die religiösen Bedürfnisse Jugendlicher zu vergegenwärtigen und auch ihre Alltagsliturgien genau zur Kenntnis zu nehmen. So finden wir eine Fülle von Anknüpfungsmöglichkeiten, die gottesdienstliche Liturgie als »roten Faden« für Jugendliche in dieser Veranstaltung (wieder) erkennbar und bedeutsam machen können.
Liturgie leitet durch den Gottesdienst. Wiedererkennbare, sinnhafte Elemente geben Orientierung und haben Wiedererkennungswert. Der gottesdienstliche Ablauf ist dann vertraut und vermittelt ein Gefühl der Geborgenheit. Gottesdienst braucht diese wiedererkennbaren Merkmale genauso wie andere Situationen bzw. Alltagsabläufe.
Betrachten wir das Beispiel einer Geburtstagsparty:
Die Gäste treffen ein und werden begrüßt. Der/die GastgeberIn hilft ihnen anzukommen, sich mit anderen bekannt zu machen und sich mit dem »Setting« vertraut zu machen.

1. Siehe: Barz, H.: Postmoderne Religion. Jugend und Religion 2, Opladen. 1992, S. 58ff. und siehe S. 85.

Dem Geburtstagskind wird gratuliert. Das muß nicht unbedingt mit einer langen Rede verknüpft sein, aber es wird deutlich, warum das Fest stattfindet.
Die Geburtstagsparty läuft, Menschen begegnen sich, essen und trinken, das Fest entfaltet sich.
Die Gäste verabschieden sich allmählich, man wünscht sich wechselseitig alles Gute für den weiteren Weg.[2]
Nicht viel Unterschied besteht zum Ablauf eines Gottesdienstes, der sich an dem folgenden liturgischen Rahmen festmachen läßt:

- Ankommen, zur Ruhe kommen, sich auf die Situation einstellen
- Sich einlassen auf Begegnung (mit anderen, mit Gott, mit einer Botschaft), hören und antworten
- Gemeinsam feiern, Stärkung erfahren
- Sich wieder auf den Weg machen

Dieser Ablauf prägt viele Veranstaltungen, an denen auch oder in besonderem Maße Jugendliche teilnehmen (z. B. Sportwettkämpfe, Popkonzerte, Parties usw.), und ist nicht ausschließlich kennzeichnend für Gottesdienste. Ausgehend von diesen vier Phasen ist der Bausteine-Teil dieses Buches gegliedert.
Wenn Liturgie diese wiedererkennbaren Elemente aus dem Alltag enthält, bestehen Anknüpfungsmöglichkeiten. Das Spezifische einer gottesdienstlichen Veranstaltung liegt in ihren Inhalten, manchmal auch in der Atmosphäre.
Eine besonders ausgefeilte Liturgie mit vielen fremden Elementen ist für Jugendliche wenig geeignet. Neue Erfahrungen benötigen zumindest Andockmöglichkeiten an zurückliegende Erfahrungen, sonst hängen sie in der Luft. Dies mag zuerst einmal überraschen. Die Erfahrungen im Zusammenhang mit der »Thomasmesse« bestätigen jedoch, daß gerade auch Kirchenferne einen klar strukturierten Gottesdienst schätzen.[3]

Lebendige Liturgie

Im Jugendgottesdienst muß (wieder) eine Elementarisierung, d. h., eine Vereinfachung und Rückführung auf ursprüngliche Bedeutungsgehalte von Liturgie stattfinden.
Diese Elementarisierung läßt Liturgie lebendig werden: Die GottesdienstbesucherInnen tauchen unmittelbar mit ihrem Erleben in das Geschehen ein, werden hineingenommen. Lebendige Liturgie ist vor allem im Zusammenhang mit Kirchentagsveranstaltungen zum Thema geworden.

2. Weitere Beispiele auf S. 73f.
3. Siehe Thomasmesse, S. 93.

Lebendige Liturgie kommt dann zustande, wenn

- sich Inhalte unmittelbar, ohne große Deutung mitteilen,
- der ganze Mensch angesprochen ist, sozusagen mit allen Sinnen und seinem Verstand,
- ein Miteinander und Beziehungen bzw. Begegnung das Zusammensein prägt,
- Neues erfahrbar ist, so daß Überraschung und Staunen Platz hat,
- alle am Geschehen des Gottesdienstes beteiligt sind – auf ganz unterschiedliche Weise.

Viel haben wir in der ökumenischen, weltweiten Begegnung gerade im Bereich des Gottesdienstes gelernt: das Sinn-liche, Körperliche ist wieder selbstverständlicher im Zusammenhang mit Gottesdienst geworden. Tanz als eine Ausdrucksmöglichkeit mit dem ganzen Körper hat einen neuen Stellenwert gewonnen. Lebendige Liturgie geht über Reden und Hören weit hinaus.
Im Bild des Weges kann Liturgie unmittelbar erfahrbar und verständlich werden. Menschen auf einem Weg kommen an, halten inne, werden gestärkt und brechen wieder auf. Diese Bewegung spiegelt sich in den verschiedenen gottesdienstlichen Stationen wider.

Erlebbare Gottesdienstelemente – zum Beispiel im Abendmahl

Das Abendmahl, das in vielen Jugendgottesdiensten gefeiert wird, erhält dadurch besonders den Akzent der Wegzehrung, der Stärkung, des Auftankens gemeinsam mit anderen. Die Gestaltung des Abendmahls kann diesen Charakter entsprechend widerspiegeln:
Ich habe Stärkung nötig.
Ich halte inne und werde mir der Tatsache bewußt, daß ich etwas brauche.
Ich bekomme etwas zur Stärkung.
Ich nehme andere wahr, die sich in ähnlicher Situation befinden und die mir etwas abgeben/weitergeben.
Ich bin dankbar dafür.
Ich mache mich auf, um meinen Weg fortzusetzen.
Wenn sich die Gottesdienstvorbereitungsgruppe für ein Agape-Mahl entscheidet, wird der Festcharakter, das gemeinschaftliche Essen und Trinken deutlicher spürbar. In bestimmten Situationen, z. B. im ökumenischen Kontext, ist es angemessener, dieses gemeinsame Fest zu betonen und nicht das doch theologisch immer noch trennende Abendmahl zu feiern.
Ebenso bietet es sich an, eine Taufe oder Tauferinnerung mit erlebbaren Gottesdienstelementen zu gestalten[4].

4. Siehe S. 61 und 67 und Bausteine.

Fritz Baltruweit beschreibt diese Fähigkeit so: »Ziel ist die Leitung eines spirituell erfüllten menschenfreundlichen für Begegnung offenen Gottesdienstes, in dem das Wie und das Was miteinander gehen und der erkennbar im 20. Jahrhundert stattfindet.«[5]
Einen Gottesdienst leiten heißt dann konkret: Ich werde mir meiner Rolle bewußt, aber auch der verschiedenen Rollen, die ich gleichzeitig innehabe. Ich bin PriesterIn, ProphetIn – im Sinne von ZeitansagerIn. Was den Ablauf betrifft, bin ich ManagerIn und ModeratorIn und delegiere so oft wie möglich Verantwortung, um möglichst viele am Gottesdienst zu beteiligen.
Meine Spiritualität wird für andere spürbar, sie trägt den Gottesdienst mit. Es ist gut, daß ich mir bewußt mache, wo ich spirituell »zu Hause« bin.
In einem menschenfreundlichen Gottesdienst wird durch mich etwas von der Menschenfreundlichkeit Gottes erkennbar und spürbar. Dazu gehört auch, den Gottesdienst einladend zu gestalten, vor allem auch für die Menschen, die sonst Ausgrenzung erfahren. Es heißt auch, daß ich mir bewußt mache, welche Sprache, welche Musik usw. für die eingeladenen Menschen angemessen ist.
Ein für Begegnung offener Gottesdienst ist situationsbezogen. Er bezieht sich konkret auf diejenigen, die da sind, und auf konkrete Situationen. Er hat Platz für die Frage: Was bewegt uns? – und die Frage: Was nützt uns der Gottesdienst? Er bietet Freiräume zum »Mitgehen« in einer stabilen Grundstruktur, die Geborgenheit vermittelt.
Das Wie und das Was gehen miteinander: Es ist unvermeidlich, daß mein Kirchenbild und meine Glaubensprägungen auch die Gottesdienstgestaltung beeinflussen. Wenn ich in der Art und Weise, wie ich den Gottesdienst gestalte, mich persönlich einbringe und authentisch bin, dann kann ich Evangelium kommunizieren.[6]
Liturgische Kompetenz können alle MitarbeiterInnen erwerben, die Funktionen im Gottesdienst übernehmen. Zur liturgischen Kompetenz gehört auch liturgische Präsenz, z. B. lautes und deutliches Sprechen, die Übereinstimmung zwischen Körperhaltung und Aussagen, Authentizität zwischen Inhalt und Auftreten. Alles, was zur liturgischen Präsenz gehört, kann und muß geübt werden. Das erfordert von denjenigen, die einen Gottesdienst mitgestalten, Zeit und Geduld.

5. Aus einem Seminar-Papier des Studienzentrums für evangelische Jugendarbeit Josefstal, Juli 1996.
6. Nach Ernst Lange.

Es erweist sich als hilfreich, im Vorfeld zu entscheiden, ob eine Person die Rolle des/der LiturgIn während des gesamten Gottesdienstes übernimmt oder ob verschiedene liturgische Aufgaben auf mehrere Personen aufgeteilt werden.
Zur liturgischen Kompetenz gehört auch, sich die Bedeutung der liturgischen Elemente klarzumachen. Der Austausch darüber in einer für die MitarbeiterInnen angemessenen Weise tut jeder Gottesdienstvorbereitungsgruppe gut ...

Mechthild Bangert

Zum Beispiel: das Sündenbekenntnis

»Die Weisheit der Kirche ist mehr als eine Lehre über das anständige Leben«
(Melanchthon)

Der Begriff der ›Sünde‹ und der ›Gemeinschaft der Sünder‹ ist ein zentrales Anliegen evangelischer Theologie und der Lehre über die Rechtfertigung. Aber er ist heute sehr vielen, gerade auch jungen Menschen nur sehr schwer zu vermitteln. Und so verwundert es nicht, wenn in so manchen Gottesdiensten dieses liturgische Element einfach weggelassen oder zu einem Fürbittengebet umgewandelt wird (z. B. in Verbindung mit dem Kyrie-Ruf ›Herr, erbarme dich‹).
Schuld ist in der heutigen Zeit ein Begriff, um den man lieber einen weiten Bogen macht[7]. Sich oder anderen Schuld einzugestehen, widerspricht der Tendenz, immer stark sein und möglichst alles allein schaffen zu müssen: Wer etwas sein will und von anderen anerkannt werden will, muß stark sein oder zumindest so tun. Auf diesem Hintergrund ist das Wort von der Gnade oder der Erlösung durch Gott für viele wenig verständlich, ja manchmal sogar abschreckend.
Wohin also mit dem Sündenbekenntnis im Gottesdienst?

7. So ist bezeichnend, daß in einem neueren Handbuch für Psychologie und Seelsorge die Begriffe Sünde und Schuld im Stichwortverzeichnis durch den Begriff ›Schuldgefühle‹ ersetzt sind!: M. Dietrich, Handbuch Psychologie & Seelsorge; R. Brockhaus Verlag, Wuppertal u. Zürich, 4. Aufl. 1995.

Eine ›richtige‹ Entscheidung kann wohl nicht gefällt werden. Es ist eine Frage der persönlichen Wertung einzelner Gesichtspunkte. Als Entscheidungshilfe können wir aber an dieser Stelle etwas über Sünde und Sündenbekenntnis nachdenken.

Menschlich gesehen: Sünde und Schuld

Zunächst besagt Sünde nichts anderes als ›Trennung‹, also Getrennt-sein von Gott oder auch Trennung vom Heil (vgl. das Wort ›Sund‹ – ein Meeresarm, der Landteile voneinander trennt). Hergeleitet von der Wortwurzel ›Sein‹ ist Sünde ›ein Mangel des Seins‹. Die Wirkung der Sünde ist Angst[8]. So gesehen ist die Sünde keineswegs aus der Welt. Die Existenzangst ist verbreiteter denn je. Sünde ist ein Wort in der Einzahl – die ›Sünden‹ gibt es nicht. Die Vergehen, die meist als Sünden bezeichnet werden, sind lediglich die Folgeerscheinungen der einen Sünde.

Das Problem ist nun aber, daß durch die Komplexität unserer Lebenszusammenhänge Schuld kaum mehr individuell empfunden werden kann. Die Schuld erscheint zunehmend als eine gruppenbezogene oder gesellschaftsbezogene Größe und wird so der Verantwortlichkeit des einzelnen entrückt. Es machen alle – wo also ist meine konkrete Schuld?

Hinzu kommt, daß durch die Humanwissenschaften das Schuldproblem verlagert wird auf die Einflüsse und Bedingungen, denen der Mensch ausgesetzt ist (Anlage, Erziehung, Schicksal etc.). Damit kann der einzelne zwar noch schuldig werden, ist aber im Endeffekt nicht mehr dafür verantwortlich. So bietet sich eine gute Gelegenheit, Schuld zu verdrängen. Damit steht nun die christliche Auffassung von Schuld im gesellschaftlichen Abseits, da sie den Menschen für sein Tun auch verantwortlich macht. Die Erkenntnis der Verstrickungen dient nicht der ›Entschuldigung‹, sondern ist eher als Aufforderung zu sehen, sich der Ursachen bewußt zu werden und neue Wege zu suchen: Jesus kümmerte sich nicht um die Hintergründe für die Schuld der Ehebrecherin, sondern sagte in die Zukunft weisend: »Geh und sündige hinfort nicht mehr«.

Werden Angst und Versagen ständig verdrängt, versucht jemand, immer den Starken zu spielen, wird das nicht folgenlos bleiben. Versagen aussprechen zu können und Gehör und Verständnis zu finden, ist dagegen wie ein reinigendes Vollbad für die Seele[9]. Dabei spielen Beziehungen eine entscheidende Rolle: Nur in vertrauter Atmosphäre mit vertrauenswürdigen Leuten kann ich mich öffnen.

8. K. W. Rennstich, Aufstand gegen Gott, Evangelische Kommentare 11/95, S. 681.
9. Vgl. das Ergebnis einer Studie der Hamburger Universität: »Vergeben fördert Gesundheit«, zit. bei Ruddat, G., Gemeinde gestaltet Gottesdienst, Gütersloh 1994, S. 79.

Liturgische Aktion

Ein verschlossener Mensch wird von der Liebe »aufgeschlossen«

Beginn mit Standbild: Ein verschlossener Mensch steht abseits, den Kopf gesenkt, die Arme vor der Brust verschränkt.
Die Liebe (Symbol: Sonne): EinE TänzerIn mit zwei gelben Chiffon – Tüchern steht auf der anderen Seite des Altares.
Musikeinspielung: ›Kanon‹ von Pachelbel
Die Sonne beginnt sich zu drehen und tanzt auf den Menschen zu, berührt ihn immer wieder zärtlich mit ihren Strahlen (Tüchern), die Zuwendung steigert sich mit der Intensität der Musik. Der Mensch öffnet sich langsam und kann sich dem Leben, der Liebe zuwenden.
Bekenntnistext:
»Verschlossen für das Leben, verschlossen für die Liebe, verschlossen für Gott und den Mitmenschen. So erleben wir uns wieder, auch wenn wir es im Grunde nicht wollen. Verschlossenheit, die sich äußert in Rückzug oder in Aggression. Wo sind die wärmenden Strahlen, die die Einsamkeit und das Gefühl des Versagens zum Schmelzen bringen?
Wo ist das Licht, das die Finsternis meiner eigenen Blindheit für das Leben und Gott erhellt? Wo ist die Hilfe, die mir ermöglicht, das Herz des anderen zu erblicken?
Wo ist die Sonne (das Licht) des Lebens?
Herr, erbarme dich!«

Ein Bekenntnis – wie auch immer geartet – braucht also einen ›Anlaufweg‹. Es muß vorher Vertrauen geschaffen werden in den Gott, dem ich mich öffne. Wichtig ist dabei noch, daß die Akzeptanz, die von Gott zugesprochen wird, auch in seinem ›Bodenpersonal‹ sichtbar und spürbar wird. Hier müssen sich Gemeinden und Kirchenleitungen noch viel einfallen lassen, wenn es um die Akzeptanz von Jugendlichen und ihren Bedürfnissen geht!

Das Sündenbekenntnis – oder: Sich zu erkennen geben!

»Wem Gott seine Schuld vergeben hat,
der kann heiter und fröhlich sein!«
(Melanchthon)

In der Liturgie heißt dieses Element eigentlich ›Confiteor‹ – was nur soviel bedeutet wie ›Bekenntnis‹. Von Sünde steht da zunächst noch nichts!
In diesem Teil des Gottesdienstes trete ich mit meinem Leben vor Gott –

so wie ich bin. Dazu gehört meine Schuld – mein Mangel an Sein, meine Existenzangst – und in deren Gefolge Versäumnisse und Vergehen und meine Lasten.

Aber zum ›Confiteor‹ gehört nach dem eben Gesagten eigentlich auch mein Glück, der Segen, und im Gefolge auch das, was mir im Leben gelungen ist und meine geglückten Beziehungen.

»Ich bekenne« – das wäre dann eine Art Ritual, wie es Mose erlebt hat, als er sich dem brennenden Dornbusch näherte (Ex 3,1-4,17): »Zieh deine Schuhe aus, denn dies ist heiliger Boden!«(Ex 3,5) Ich offenbare mein Leben vor dem heiligen Gott, der mich kennt (vgl. Psalm 139) und mich bei meinem Namen nennt (Jes 43,1).

Ich weiß einerseits, daß ich Gott nicht annähernd gleichkomme: Ich sehe in Gott das ganze Sein des Lebens – auch meines Lebens – und erkenne und bekenne den Mangel meines Seins.

Aber ich bekenne andererseits, daß mir in meinem Leben viele gute Erfolge und glückliche Erlebnisse zuteil wurden. Ich bekenne, daß ich schon jetzt Anteil habe am ganzen Sein Gottes. Ich offenbare also im Confiteor mein Dasein, erkenne Gott als den Herrn an, der mich trägt in Erfolg oder Mißerfolg, in Guttat und Schuld, in Gelingen und Versagen. Ich gebe mich Gott, anderen und mir selbst zu erkennen.

Mose bekennt am Dornbusch seine Schwächen (»Ich kann nicht reden ...«) und bekommt trotzdem einen lebensrettenden Auftrag. Zufrieden über seine Lebensleistung kann er von dieser Welt gehen (Mose segnet die Stämme und genießt den Anblick des verheißenen Landes).

Bekenntnis hat also auch so gesehen etwas mit Verantwortung zu tun. Nämlich daß ich selbst Verantwortung übertragen bekomme – für das Leben, für mich und für andere. Und etwas Besseres und Glücklicheres kann einem Menschen nicht passieren, hier kann sich ein wesentlicher Aspekt der Sinnerfüllung eines Lebens ergeben.

Letztendlich ist das Bekennen unter dem Aspekt des Evangeliums zu sehen. Damit wird es möglich, in einem Bekenntnistext die Sünde auch so anzusprechen, daß sie nicht wie ein Urteil klingt und Blockaden auslöst. Gott will uns nicht ›niederdrücken‹. Eine kleine Geschichte über unser ›Seelenhaus‹ mag dies verdeutlichen[10].

10. Lene Mayer-Skumanz, in: H. Kaiser (Hg.), Erzählbuch zur Weihnachtszeit, Verlag Ernst Kaufmann, Lahr / Christophorus Verlag, Freiburg; 1. Aufl. 1986, Rechte bei der Autorin.

Erzählung

Ein Mann erfuhr, daß Gott zu ihm kommen wollte. »Zu mir?« schrie er. »In mein Haus?«
Er rannte durch alle Zimmer, er lief die Stiegen auf und ab, er kletterte zum Dachboden hinauf, er stieg in den Keller hinunter.
Er sah sein Haus mit anderen Augen.
»Unmöglich!« schrie er. »In diesem Sauhaufen kann man keinen Besuch empfangen. Alles verdreckt. Alles voller Gerümpel. Kein Platz zum Ausruhen. Keine Luft zum Atmen.«
Er riß Fenster und Türen auf. »Brüder! Freunde!« rief er. »Helft mir aufräumen – irgendeiner! Aber schnell!«
Er begann, sein Haus zu kehren. Durch dicke Staubwolken sah er, daß ihm einer zu Hilfe gekommen war. Sie schleppten das Gerümpel vors Haus, schlugen es klein und verbrannten es. Sie schrubbten Stiegen und Böden. Sie brauchten viele Kübel Wasser, um die Fenster zu putzen. Und immer noch klebte der Dreck an allen Ecken und Enden.
»Das schaffen wir nie!« schnaufte der Mann. »Das schaffen wir!« sagte der andere. Sie plagten sich den ganzen Tag.
Als es Abend geworden war, gingen sie in die Küche und deckten den Tisch.
»So«, sagte der Mann, »jetzt kann er kommen, mein Besuch! Jetzt kann Gott kommen. Wo er nur bleibt?« »Aber ich bin ja da!« sagte der andere und setzte sich an den Tisch. »Komm und iß mit mir!«

Der ›richtige‹ Ort für das Sündenbekenntnis

Die einfachste Lösung des Dilemmas zwischen gegenwärtigem Lebensgefühl und christlichem Anspruch wäre, das Confiteor ganz wegfallen zu lassen (wie dies z. B. in Lobpreisgottesdiensten oft geschieht). Aber damit würde ich weder den Menschen noch Gottes Willen gerecht.
Es muß aber jeder Eindruck vermieden werden, man wollte in selbstgerechter Art die GottesdienstbesucherInnen erst ›niederdrücken‹, um sie dann anschließend wieder durch das Evangelium aufzurichten. Aus diesem Grund wird manchmal überlegt, das Sündenbekenntnis während oder nach dem Verkündigungsteil anzusiedeln: Ich habe mich der Zuwendung Gottes vergewissert und kann nun leichter die Schuld einsehen und eingestehen.

Segensritual zur Vergebung

Als Confiteor im Verkündigungsteil des Gottesdienstes mit intensiv erfahrenem Gnadenzuspruch kann ein Taufgedächtnis geplant werden. Jedem Got-

tesdienstbesucher, der es möchte, wird am Taufstein ein Kreuz mit dem benetzten Finger auf die Stirn oder in die Hand gezeichnet z. B. mit den Worten: »N.N., du bist ein guter Gedanke Gottes. Er vergibt dir und segnet dich. Er will dich bewahren zu seinem Reich!«
(Vgl. auch unter dem Kap. ›Aktionen im Gottesdienst‹, S. 68. Hier jedoch aufgrund der anderen Thematik mit anders formuliertem Zuspruch.)

Ungünstig wirkt sich bei der Benennung von Schuld im Confiteor aus, daß wir Menschen Negatives wesentlich eindrücklicher empfinden als Gutes. So verursachen schlechte Erinnerungen auch nach langer Zeit noch eher Herzklopfen als schöne Erlebnisse. Das bedeutet, vor allem auch in einem Confiteor im Eingangsteil, die Gnadenverkündigung müßte mindestens ebenso deutlich sichtbar werden wie die Schuld vor meinem inneren Auge!
Als mögliches Beispiel für ein Confiteor, in dem v.a. Schuld und Lasten, Sorgen und Ängste aufgenommen werden sollen, siehe im Kap. ›Umgang mit Symbolen‹ den Vorschlag mit wasserlöslich beschrifteten Steinen (S. 65).

Schuldbekenntnisse im Eingangsteil des Gottesdienstes

Text-Collage: Zuspruch und Klage

Eine Möglichkeit, sich mit dem momentanen *Lebensgefühl* vor Gott zu stellen, besteht darin, einen Klagepsalm und einen Lobpsalm zu kombinieren (hierzu sind auch z. B. ein Passions – und ein Osterintroitus aus dem Gesangbuch geeignet). Sie werden von einem Teammitglied oder einer Gruppe nacheinander oder ineinander verwoben gelesen und die GottesdienstbesucherInnen stimmen bei den Sätzen mit ein, die ihnen momentan entsprechen.
Da die Psalmen vorher schon gelesen sein müßten, muß eine entsprechende Phase vorgeschaltet sein. Aus diesem Grund eignet sich dieses Element eher für einen Gottesdienst in der Gruppe.
Verfremdete Seligpreisungen
Als Text für ein Confiteor sind aber ebenso verfremdete Seligpreisungen möglich (siehe Kap. ›Verfremdung von Bibeltexten‹, S. 56). Durch ihren offensichtlichen Widerspruch zum Evangelium genügt es, sie zu lesen und anschließend eine Phase der Stille zu lassen, bevor der Gnadenzuspruch erfolgt. So können sich alle GottesdienstbesucherInnen an den für sie passenden Stellen einklinken.

Auf die Vergebung hin folgt das Fest der Erlösten – während und nach dem Gottesdienst (Abendmahl, Musik, Tanz und Gespräche).

Zum Beispiel: das Gebet

»Gott ist da, wo ich mit meinen Träumen hingehen kann«
(Marina, 3. Klasse Schule zur Erziehungshilfe)

Beten fällt vielen nicht leicht. So manche(r) fragt kritisch: Lenkt das Gebet nicht ab von unserer Verantwortung für die Welt, schiebt es nicht die eigene Unfähigkeit oder Inaktivität auf Gott ab?
Das Gebet darf nicht als Alibi zur Untätigkeit dienen. Denn es hat wertvolle Auswirkungen auf mein Leben und das Leben anderer. Hier kann der Kontakt mit Gott geschehen. Hier weist mein Leben über sich selbst hinaus und wird unabhängig von Urteilen und Vorurteilen. Hier kann ich Sehnsüchte und Träume formulieren in der Gewißheit, damit nicht allein zu sein. Hier kann ich Kraft gewinnen, selbst aktiv zu werden. So formuliere ich im Gebet meine Vorstellungen vom Reich Gottes, von seiner Welt: Im Gebet versuche ich ›den Himmel zu erden‹.
Dies geschieht im *Dank* für die ›himmlischen Momente‹ in meinem Leben, für die Phasen des Glücks und der Zuwendung, in denen ich Gott er-leben konnte oder kann.
Dies geschieht im *Lobpreis*, in dem ich meiner Freude über Gottes vielfältige Zuwendung Ausdruck verleihe.
Dies geschieht in der *Bitte*, in der ich die Defizite, die Bruchstückhaftigkeit in meinem Dasein erkenne und Gott um seinen Beistand und Erfüllung meiner Sehnsucht nach Leben bitte.
Dies geschieht in der *Fürbitte*, in der ich von mir selbst absehe und auf das Leben anderer Menschen oder der gesamten Schöpfung achte, ihre Situation erkenne und Gott anvertraue. Da ich oft selbst nicht in der Lage bin, allen Menschen bzw. der Schöpfung in ihren unterschiedlichen Nöten beizustehen, ist die Fürbitte der Ort, an dem ich das Engagement anderer Menschen wahrnehme und unterstütze.

Ein Gebet vorbereiten

»Wer macht das Fürbittengebet?« – Die Vorbereitung eines Gebetes wird oft bei der Erarbeitung eines Gottesdienstes einem einzelnen Teammitglied übertragen.
Dies kann auch die Gruppe übernehmen, indem alle Teammitglieder ihre Träume formulieren oder benennen, was sie zum Thema oder zur Zeit bewegt (Gebetsanliegen finden). Die Aussagen werden thematisch gruppiert. Daraus kann nun die Formulierung der einzelnen Anliegen in ein bis zwei Sätzen erfolgen.

Es folgt die Entscheidung, in welchem der Gottesdienstgebete diese jeweiligen Anliegen ihren Platz haben können oder sollen. Einige könnten gut in das Abendmahlsgebet passen, andere im Kollektengebet (zusammenfassendes Gebet zum Thema des Gottesdienstes) oder im Fürbittengebet ihren Platz finden. Einzelne thematische Abschnitte könnten im Verkündigungsteil mit einem kurzen Gebet abgeschlossen werden.

Die Sprache

Gerade im Gottesdienstgebet spielt die Wortwahl eine wichtige Rolle: Schachtelsätze können mehr verwirren als nützen, abgehobene Sprache läßt BesucherInnen aussteigen, Umgangssprache reduziert den Inhalt auf ein oberflächliches Wortgeplänkel. Eine einfache, aber doch würdige Ausdrucksweise ermöglicht es den BesucherInnen, das Gebet als liturgisches Element der Anbetung (an)zu erkennen und nachzuvollziehen.
Die besondere Schwierigkeit beim Gottesdienstgebet liegt darin, die Formulierung offen zu gestalten, ohne sich in wortreichen Allgemeinplätzen zu verlieren.

Die Anrede

Das eigene bzw. das im Gottesdienst zum Tragen kommende Gottesverständnis zeigt sich in der Anrede Gottes.
So offenbart die Anrede »Herr« den allmächtigen Gott, der weit über mir steht, »Vater« rückt mehr die persönliche Beziehung in den Mittelpunkt, kann aber Assoziationen zu negativen Vatererfahrungen oder patriarchalen Strukturen wecken.
Die Anrede: »Gott, Vater und Mutter« versucht, Gott als fürsorglich, bergend und dem Leben zugewandt zu verstehen.
Bei der Anrede sind viele Facetten möglich, die die einzelnen Eigenschaften Gottes beschreiben, zu denen ich mich bekenne. So sind durchaus Anbindungen der Anrede an das Thema möglich.
Hier einige Beispiele[11]:
»Du, mein Freund/meine Freundin«
»Lehrer des Wortes«
»Licht im Dunkeln«

11. Die Beispiele sind entnommen aus: K. Vonderberg, Neue Psalmen für Jugendliche, Seite 69; Kreuz Verlag Stuttgart, 1996. Hier finden sich zu vielen, für Jugendliche relevanten Themen 60 selbstverfaßte Psalmgebete.

»Sonne des Lebens«
»Vielfalt der Schönheit«
etc.

Besondere Gebetsformen

Zeitungsliturgie

In der Mitte des Kreises liegen Zeitungsseiten. Jeweils zwei Personen sehen sich eine Seite an und suchen eine Meldung oder eine Anzeige heraus. Ziel ist dabei, die Meldung beim anschließenden Gebet zu verlesen und von der zweiten Person einen Gedanken oder ein Erlebnis dazu (kurz!) erzählen zu lassen. Nach einer Such- und Besprechungsphase der beiden Personen folgt das Gebet (Verlesung und Erzählung). Jedes Gebetsanliegen wird mit einem vorher eingeübten Kehrvers (z. B. einem Kyrie-Gesang) abgeschlossen.
Ruddat empfiehlt, die GottesdienstteilnehmerInnen anschließend durch »zwei bis drei atmosphärisch immer offener werdende Lieder« aus der möglichen Betroffenheit herauszuführen.
Diese Gebetsform eignet sich besonders für einen Gottesdienst während einer Freizeit[12].

Vaterunser mit Bewegungen

Die Bewegungen wurden von der Gebärdensprache der »Menschen, deren Worte nicht zu hören sind«, übernommen.
Nach der Vorstellung und Einübung der Gebärden mit den GottesdienstbesucherInnen (die Bewegungen jeder Bitte einzeln vorstellen und einüben) kann das Vaterunser in einer eindrücklichen Art und dichter Atmosphäre in der Stille miteinander gebetet werden.
Sind Menschen mit einer geistigen Beeinträchtigung im Gottesdienst, kann für sie die Vielzahl der Bewegungen verwirrend werden. Hier empfiehlt es sich, die Bewegungsabläufe etwas zu vereinfachen, indem man sich auf die Hauptaussagen und Hauptwörter beschränkt (z. B. die Worte »wie«, »so«, »auf«, »tägliches«, »heute«, »wie auch« etc. weglassen)[13].

Roland Schwarz

12. Dargestellt von G. Ruddat nach einer Idee von H. Lindner, in : Baltruweit, F./Ruddat, G., Gemeinde gestaltet Gottesdienst, Gütersloh 1994, S. 78f.
13. Dargestellt mit Zeichnungen von G. Ruddat in: Fritsch-Oppermann, S./Schröer, H., Lebendige Liturgie 2, Vom Kirchentag zur Kirchenalltag, Gütersloh 1992, S. 39ff.

Lebendige Kommunikation
Die Verkündigung

»Mein Herz hat seine eigenen fünf Sinne;
diese Sinne meines Herzens
erfahren die beiden Welten«
(Dschalal-Ed-Din Rumi)

Gottesbegegnung und Glaube sind immer ein lebendiges Kommunikationsgeschehen. Der Gottesdienst ist ein Ort der Gottesbegegnung, ein Ort, wo sich Himmel und Erde begegnen. »Wollte man zu beschreiben versuchen, was Gottesdienst ist, so könnte man ihn wohl Fest der Gemeinde nennen, bei dem die Anwesenheit Gottes unter uns, seine Liebe, gefeiert und sinnenfällig erlebbar wird, und zwar im Brot des Wortes, im Brot des Sakramentes und in der Brüderlichkeit eben dieser Gemeinde. Gottesdienst müßte ein Hineinschmecken in das Fest sein, das wir Himmel nennen ...«. »Statt dem Wehen des Heiligen Geistes begegnen wir nicht selten erstarrtem, formelhaftem, wenig Freude stiftendem Tun«[1].
Doch häufig erleben wir den Gottesdienst anders. So stellt sich grundsätzlich die Frage nach unseren Formen der Kommunikation.

Formen der Kommunikation

Uns Menschen ist eine Vielzahl von Möglichkeiten zur Kommunikation gegeben, die alle ihre Berechtigung haben. Sie müssen jedoch je nach Situation, Thema und Zielgruppe(n) gewählt werden.
Formeln (z. B. der Gruß: »Der Herr sei mit euch« – »Und mit deinem Geist«), Rituale (z. B. die Eingangsliturgie im Hauptgottesdienst), Worte (z. B. die Predigt), Bilder, Symbole und Zeichenhandlungen (z. B. Salbung und Segen), Gestik und Mimik, Musik und Gesang sowie Aktionen der GottesdienstbesucherInnen stellen die wichtigsten Formen der Kommunikation im Gottesdienst dar. Sie sprechen jeweils unterschiedliche Ebenen im Menschen an.
So gilt als erste Fragestellung für die Form der Kommunikation: Wem will ich welche Inhalte oder Aussagen wie vermitteln?

1. Franz Kett, Kinder erleben Gottesdienst; Don Bosco Verlag München. 1978-1, S. 7.

Feiern mit möglichst vielen Sinnen!

Dieses Prinzip gilt im Grunde für alle Gottesdienste. Sind Menschen mit geistiger Behinderung im Gottesdienst anwesend, wird man auf jeden Fall verstärkt zu Kommunikationsformen greifen, für die das Prinzip gilt: Feiern mit möglichst vielen Sinnen. Entscheidend ist hier – wie aber auch im ›normalen‹ Jugendgottesdienst die Übereinstimmung der verschiedenen Kommunikationsformen mit dem Inhalt und mit der Person des/der Vortragenden. Ein sehr feines Gespür für Widersprüche zeichnet Menschen aus, die nicht nur über den Verstand Inhalte erfassen wollen oder können. Die besonderen Erfordernisse für GottesdienstbesucherInnen mit geistigen Behinderungen stehen heute jedoch stellvertretend für das vermehrte Bedürfnis nach Erfahrung in der Gegenwart.
War früher schwerpunktmäßig die Diskussion um Gerechtigkeit, Frieden und Soziales angesagt, wird heute von vielen Jugendlichen vermehrt eine emotional ansprechende Verkündigung erwartet. Wir erleben zur Zeit sehr stark die Defizite im emotionalen und spirituellen Austrocknen der Gesellschaft, und damit gehen natürlich die Suchbewegungen (nicht nur) Jugendlicher verstärkt in diese Richtung. Dies gilt es zu berücksichtigen in der Wahl der Methoden und Medien der Verkündigung.

Mit Herzen, Mund und Händen!

Jugendgottesdienst sollte darum versuchen, in der Vermittlung des Glaubens die verschiedenen Kommunikationsstrukturen des menschlichen Wesens einzubeziehen.
Der Gottesdienst soll den ganzen Menschen in den Blick nehmen, mit seinen Gaben, seinen Gefühlen und Fertigkeiten.
Den ganzen Menschen in den Blick nehmen heißt, ihn sehen

- mit seinen kognitiven Fähigkeiten und damit auch seiner Kritikfähigkeit
- mit seinen emotionalen Seiten
- mit seinen praktischen Gaben.

Eine Religion ohne Erfahrung läuft Gefahr, zur Ideologie zu verkommen – und wird daher zurecht gerade von Jugendlichen kritisiert. Religiöse ›Seelenflüge‹ können jedoch Abhängigkeiten von den jeweiligen Vermittlern schaffen und leicht mißbraucht werden. Ein Glaube ohne Handlungsseite wird zu Recht als leere Hülse empfunden und abgelehnt. Es muß also im (Jugend-)Gottesdienst um jeweils beides gehen: *Denken **und** erfahren, reden **und** fühlen, glauben **und** handeln.*
Den ganzen Menschen anzusprechen, heißt, alle drei Aspekte des Menschseins zu sehen:

den Menschen als in dieser Welt lebendes und handelndes, emotionales und intellektuelles Wesen zu berücksichtigen. So wie es in dem alten Kirchenlied heißt: »Nun danket alle Gott mit Herzen, Mund und Händen«. Daraus folgt als Grundsatz der Wechsel von Wort-, Erfahrungs- und Handlungsebenen im Gottesdienstablauf.
Damit rücken wir zugleich ab vom Übergewicht der Predigt. Sie hat sich in der evangelischen Tradition als das Element der Verkündigung schlechthin etabliert, während die restlichen liturgischen Elemente die Predigt umgeben als Elemente des Feierns.[2] Doch oft genug sind wir auf Symbole angewiesen (seien es Sprachsymbole wie das Glaubensbekenntnis oder Sachsymbole wie ein Stein), weil wir ohne sie manche Tiefe gar nicht ausdrücken könnten. Mit diesen Erkenntnissen können wir die liturgischen Elemente und Handlungen (Hymnen, Bekenntnisse, Abendmahl, Segen etc.) als Verkündigungsteile ansehen.
Der Gottesdienst ist kein anders gearteter bzw. fortgeführter Religionsunterricht. Atmosphäre und Kontinuität im Ablauf haben ebenso entscheidenden Anteil am Gelingen wie seine Inhalte – denn sie machen das Fest im Wesentlichen aus.

Sprache

Die Sprache wird bei allen Bemühungen um eine Kommunikation mit allen Sinnen dennoch die Hauptform der Kommunikation im Gottesdienst sein. Bewußt sollte aber sein, daß sie zugleich die abstrakteste Form für die Weitergabe von Inhalten ist und von der Gemeinde die höchste Verstandesleistung verlangt. Das wird deutlich, wenn wir uns vor Augen führen, wie unser ›Verstehen‹ funktioniert. Das gehörte oder gelesene Wort wird erst verstanden, wenn sich mit dem gehörten Ausdruck im Gehirn Erfahrungen oder Bilder verknüpfen. Je weniger konkret das Gesagte ist, um so schwieriger wird die Erfassung des Inhaltes.
So taucht z. B. bei dem Wort ›Nest‹ vor meinem inneren Auge eine solche Wohnstatt für kleine Vögel auf. Ich kann mir unter diesem Begriff ›etwas vorstellen‹. Im Zusammenhang mit dieser Vorstellung und dem, was in diesem Nest geschieht (Versorgung der Jungvögel, Wärme durch die Vogeleltern etc.) kann ich auch einen Übertrag schaffen: »Gott, dein guter Segen ist wie ein weiches Nest ...«.[3]
Für das Verstehen eines abstrakten Begriffes sind dagegen eine Reihe gedanklicher Verbindungen nötig, so z. B. für das Wort ›Vergebung‹. Um zu

2. Werner Jetter, Symbol und Ritual, S. 264.
3. Detlev Jöcker, in: Liederbuch zum Umhängen, Menschenkinder Verlag, Münster 1989.

verstehen, was damit gemeint ist, muß ich in bestimmten Situationen erfahren haben, daß mir jemand trotz Schuld nicht böse gewesen ist und die Schuld keine Rolle mehr im Fortgang der Beziehung gespielt hat. Diese Erfahrung muß nun auch irgendwann im Zusammenhang mit dem Hören oder Lesen des Wortes ›Vergebung‹ gestanden haben. Und schließlich mußte sich dieses Wort auch in meinem Gedächtnis verwurzelt haben.
Verkündigung mit einfachen, bildhaften Worten, Geschichten in kurzen, eingängigen Szenen, die vor dem inneren Auge das Geschehen bildhaft lebendig werden lassen, sind Voraussetzung für gutes Verstehen – und das nicht nur für Menschen mit geistiger Beeinträchtigung. Hilfreich ist manchmal auch die Unterstützung durch andere Methoden wie Bilder oder – bei Meditationen – Musik.

Jugendliche und ihre Sprache

Es ist hilfreich, Jugendliche immer wieder selbst im Gottesdienst zu Wort kommen zu lassen. Sie haben ihre Sprachgewohnheiten und Sprachstile, die nicht einfach imitiert werden können. Den Erwachsenen in der Vorbereitungsgruppe tut es gut, sich einige Merkmale von Jugendsprache zu vergegenwärtigen und kurz der Frage nachzugehen, wie Jugendliche heute kommunizieren.
Die Alltagssprache von Jugendlichen gibt es nicht, sie ist sehr unterschiedlich durch die verschiedensten Faktoren geprägt. Denn Sprache transportiert immer auch einen kulturellen Hintergrund.
In der Kommunikation Jugendlicher spielt Musik eine große Rolle. Musik macht die emotionale Ebene von Komunikation lebendig, drückt z. B. Nähe aus, während Sprache die reflektierende Ebene darstellt und Distanzierung zuläßt. Die moderne Computer-Technik macht Distanzierung noch in ganz anderer Weise möglich.

Das Wort ward Fleisch …

Das bedeutet schlicht und einfach für den Gottesdienst: Möglichst viele konkrete Ausdrücke einsetzen! Das ist nicht immer leicht, zumal wenn komplexere Sachverhalte dargestellt werden sollten. Zu sehr meint man in einer Verengung des Inhaltes zu landen, zu groß ist die Angst, bestimmte Gesichtspunkte nicht weiterzugeben, zu mächtig das theologische Gewissen, das Evangelium zu verkürzen oder gar zu verfälschen. Doch wie heißt es in der Bibel: »Das Wort ward Fleisch«! Gott hat sich der menschlichen

Erlebenswelt ausgesetzt und wurde damit auch mißverständlich (schließlich wurde über Jesus auch gesagt, er sei ein Fresser und Weinsäufer!). Entscheidend ist, ob das Evangelium, die Frohe Botschaft bei den HörerInnen ankommt und sie das Angebot der Geborgenheit bei Gott wahrnehmen können oder nicht. Ebenso entscheidend für die Wahrnehmung und das Verstehen ist die Ausdrucksweise. Kurz gesagt: Je mehr Hauptwörter vorkommen und je länger die Sätze sind, um so schwieriger ist das Verstehen.

Ein kleiner Test in der Vorbereitungsphase kann helfen: Versuchen Sie, die Bedeutung der Hauptwörter in einem geplanten Text zu beschreiben oder in Handlungen umzusetzen. Wird dies schwierig oder zu lang, dann sollte man versuchen, das entsprechende Wort zu ersetzen: Das gehörte Wort ist schwerer verstehbar als das gelesene – Rückfragen bzw. nochmaliges Hören wie beim Lesen ist nicht möglich! Auf diese Weise kann auch eine intensive Auseinandersetzung mit den Inhalten eines Verkündigungs- oder Liturgieteiles im Vorbereitungsteam erfolgen. Unter Umständen wird dann auch die Umarbeitung eines literarischen Textes sinnvoll.

Dieses Vorgehen wird um so wichtiger, wenn Besucher mit einer geistigen Behinderung im Gottesdienst anwesend sind. Hier können schon Verben wie z. B. ›regieren‹ Schwierigkeiten bereiten. Bei diesem Wort (z. B. in der Aussage: ›Jesus regiert als König‹) müßten verschiedene Tätigkeiten des Regierens beschrieben werden (z. B.: dafür sorgen, daß es den Menschen gutgeht).

Nicht nur reden – auch tun!

Wir Menschen sind normalerweise aktiv, d. h. wir verstehen Handlungen leichter und besser als Zustandsbeschreibungen. Wir können den GottesdienstbesucherInnen entgegenkommen, wenn wir möglichst viele Aussagen durch Handlungsbeschreibungen oder mit Handlungen verbunden darbieten. Auch darin ist Jesus uns Vorbild: Auf die Frage, wer denn nun mein Nächster sei, hat er nicht mit theologischen Fachausdrücken geantwortet oder eine Auflistung von Personen gegeben, sondern er hat die Geschichte vom Barmherzigen Samariter erzählt.

Trinitarische Eingangsformel

Die Eingangsformel im Hauptgottesdienst lautet: »Im Namen des Vaters, des Sohnes und des Heiligen Geistes«. Was bedeutet diese Formel? Wer oder was ist der Heilige Geist? Es wäre sicher hilfreich, diese drei Erscheinungsweisen Gottes zu beschreiben.

Eingangsritual[4]

Im Vorbereitungsteam wurden drei Kerzen angefertigt (Auf Altarkerzen wird mit Verzierwachs jeweils ein Motiv für den Vater/Schöpfer – z. B. eine Sonne –, den Sohn – z. B. das Kreuz – und den Hl. Geist – z. B. eine Taube – aufgeklebt. Manchmal findet man in einschlägigen Kerzenhandlungen auch entsprechend vorgefertigte Taufkerzen).
Diese Kerzen stehen zum Beginn des Gottesdienstes bereit und sind noch nicht angezündet.

SprecherIn:
Wir erinnern uns:
Wir sind nicht allein.
Gott hat uns unser Leben geschenkt
und will es auch bewahren.
Wir feiern im Namen Gottes, des Vaters.

1. Kerze anzünden
SprecherIn: Diese Kerze brennt für das Leben.
Liedvers: Du bist da, wo Menschen leben[5]

SprecherIn:
Sein Sohn Jesus ist unser Bruder geworden,
um unser Leben heil zu machen.
Er hat uns die Liebe Gottes gezeigt
und wir tragen sie weiter in die Welt.
Wir feiern im Namen Gottes, des Sohnes.

2. Kerze anzünden
SprecherIn: Diese Kerze brennt für die Liebe.
Liedvers: Du bist da, wo Menschen lieben

Sprecher:
Gott gibt uns die Kraft des Heiligen Geistes.
Mit ihr ist er bei uns
und gibt uns Hoffnung ins Herz,

4. Nach einem Text aus der Reihe ›Kinderbibeltage‹: »Wie schön, daß du geboren bist«, Eine integrative Kinderbibelwoche, Rheinischer Verband für Kindergottesdienst, Düsseldorf, Seite 18.
5. Detlev Jöcker, Liederbuch zum Umhängen, Menschenkinder Musikverlag, Münster. Hinweis: Hier ist die Reihenfolge der Verse 2 und 3 gegenüber dem Original verändert.

damit wir nicht mutlos werden
und die Freude am Leben behalten.
Wir feiern im Namen Gottes, des Hl. Geistes.

3. Kerze anzünden
SprecherIn: Diese Kerze brennt für die Hoffnung.
Liedverse: Du bist da, wo Menschen hoffen
Halleluja, Halleluja

Technische Tips zur Sprache

Augenmerk verdient auch der Sprachfluß beim Vortrag. Stocken erschwert das Verstehen erheblich und reißt die ZuhörerInnen immer wieder aus dem Geschehen heraus, in das sie sich eigentlich hineinbegeben sollten. Das Nachvollziehen wird um so schwieriger, je mehr man immer wieder nach solchen Brüchen rekonstruieren muß, was bisher war. Die emotionale Begegnung mit dem Text beginnt wieder von vorne. Beim notwendigen Üben und Proben des Vortrages kann dann gleich auf die Akustik im Gottesdienstraum geachtet werden. Schwierige Akustik (ist z. B. unnatürlich lautes Sprechen nötig, um überhaupt verstanden zu werden?) oder zu geringes Stimmvolumen der Vortragenden machen evtl. den Einsatz von technischen Hilfsmitteln nötig (vgl. im Kapitel: Einsatz von technischen Hilfsmitteln, S. 55 und S. 70f.).
Möchte ich, daß sich die HörerInnen emotional für das Gesagte öffnen, dürfen die entsprechenden Texte nicht im ›Vorlesestil‹ zu Gehör kommen. Eine intensive Auseinandersetzung der Vortragenden mit dem Inhalt und eine gewissenhafte Probe sind hilfreich.
Kommunikation durch Sprache vollzieht sich aber nicht nur über die zu hörenden Worte, sondern auch auf einer Meta-Ebene. So können Gestik, Mimik und Tonfall dem Gemeinten stark widersprechen.
Ein in eintönigem Tonfall vorgetragenes »Ich liebe Dich!« wird wohl selten überzeugen. Die Ausdrucksweise entlarvt die Aussage sehr schnell als leere Worthülse. Wie kann das »Ich liebe Dich« Gottes an uns Menschen da ankommen? Man erinnere sich an das alte Liebeslied »DU« von Peter Maffay, das mit seiner Leidenschaftlichkeit durchaus ein Bild für die Liebe Gottes zu uns Menschen sein kann (»Du bist alles, was ich habe, Du bist alles, was ich will«).

Gefahr lauert auch bei der Verwendung von Wertungen oder Verallgemeinerungen (»Haben wir nicht alle das Problem ...«?). Hier ist die Möglichkeit einer Fehlinterpretation bis hin zur Ablehnung bei den Hörenden groß. Schließlich kann es sein, daß HörerInnen ganz andere Erfahrungen oder Empfindungen mit einer Situation oder einem Wort verbinden als ich.
Ich rieche gerne Weihrauch und verwende diesen mir angenehmen Duft als Bild für die liebevolle Zuwendung Gottes. Aber was ist, wenn einem Hörer beim Geruch von Weihrauch schlecht wird? Er ist ausgeklinkt. Was für mich richtig ist, muß noch lange nicht für alle anderen gelten! Hier gilt es, ehrlich zu sein und zu sagen: »Ich liebe den Duft von ... . Für mich ist das ein Bild für die Zuwendung Gottes. Vielleicht denken Sie sich jetzt auch einen angenehmen Duft, lassen ihn langsam in Ihre Nase ziehen. Was ist es? Ein lieblicher Duft, so wie ich ihn mag. So ist Gottes Zuwendung ...«. Oder es werden verschiedene Essenzen bereitgehalten, die sich jeder nach seinem Geschmack auf den Handrücken etc. träufeln kann. Wenn aber doch eine einzige Duftnote verwendet werden soll, die alle riechen sollten, dann bitte in der nötigen Bescheidenheit!
Ein weiteres Beispiel aus meiner Praxis in der Arbeit mit Menschen mit Behinderungen: Mir taucht bei dem Satz ›Vater unser im Himmel‹ häufig ein Bild aus früher Kindheit – Gott als gütiger, alter Mann mit weißem Bart, eine gute Vaterfigur – vor dem inneren Auge auf. Nun gibt es aber Erfahrungen (z. B. aufgrund familiärer Gegebenheiten), die mit dem Ausdruck ›Vater im Himmel‹ ganz andere Bilder verbinden: Der sinnlos strafende Gott mit dem Schwert oder der Gott, der den Menschen unnötig Leiden schickt! Ein Gott, der Angst macht statt Vertrauen einflößt. Dies sollte beachtet werden, wenn in einem Thema Gott mit der Vaterfigur dargestellt werden soll. Ein Vorspann mit Hinführung und Begriffsklärung wird dann ratsam sein.
Eine typische Verallgemeinerungsfalle ist die liturgische Redewendung: »Wir wollen beten!« Manchmal habe ich aber an dieser Stelle im Gottesdienst gar nicht das Bedürfnis zu beten, hänge mit meinen Gedanken vielleicht noch beim Vorhergehenden. Ich will es eigentlich nicht! Leichter lasse ich mich mitnehmen in das neue liturgische Element entweder durch die Aufforderung: »Laßt uns beten!« oder, wenn es persönlicher und einladend sein soll: »Ich möchte mit Euch/Ihnen beten!«

Biblische Texte finden

In der Praxis steht oft zuerst eine Idee oder ein Thema für einen Jugendgottesdienst im Raum. Sei es durch das Kirchenjahr, ein aktuelles Ereignis vor Ort oder in der Gruppe, ein politisches Geschehen oder auch ein spontaner Einfall (z. B.: Ich möchte einen Jugendgottesdienst auf einem gemieteten Ausflugsdampfer gestalten).
In diesen Fällen wird zunächst ein Austausch im Team erfolgen.
Dann geht es darum, passende biblische Texte zu finden. Manchmal hilft die Erinnerung weiter, aber oft genug sind Hilfsmittel gefragt. Erste Hinweise gibt die Konkordanz. Nach Stichworten können hier biblische Texte aufgefunden werden – das Problem ist dabei allerdings, daß man genau diese Stichworte treffen muß. Es gibt keine sinngemäßen Hinweise auf die Bibelstellen.
Weitere Hilfen bieten sich an: Der Predigtplan für das Kichenjahr bietet für die Themen der einzelnen Sonntage jeweils mindestens sieben verschiedene Texte an. Mit den entsprechenden Predigthilfen hat man dann auch gleich erste Anregungen für die Vorbereitungsgespräche in der Hand.
In diesem Zusammenhang können auch die Losungen oder Wochensprüche (im liturgischen Kalender am Ende des Gesangbuches) interessant sein.
Weiter bieten viele Vorlesebücher für den Religionsunterricht in den Eingangsinformationen zu den einzelnen Geschichten biblische Bezüge zu den behandelten Themen an. Wenn ich also im Stichwortverzeichnis so eines Buches oder einer Buchreihe mein Thema finde, kann ich bei der entsprechenden Geschichte den passenden Bibeltext finden.
Bibellexika und Lehrpläne für den Religionsunterricht ergänzen die Liste der möglichen Hilfsmittel.

Umgang mit biblischen Texten

»Lebe, was du vom Evangelium verstanden hast.
Und wenn es noch so wenig ist.
Aber lebe es!« (Roger Schütz, Taizé)

Im Vorbereitungsteam
Es muß nicht immer Wissenschaft sein – eine Auslegung aus der konkreten Lebenserfahrung heraus kann genauso effektiv und sinnvoll sein (vgl. die Wortwurzel von Konkret: ›con-crescere‹ – zusammenführen, zusammenwachsen). Schließlich geht es um die Zusammenführung des Textes mit dem Le-

ben der Jugendlichen selbst. Darum sollten sie auch in der Vorbereitung der Verkündigung intensiv zu Wort kommen.
Möglichkeiten:

Schreibspiel mit Assoziationen zum Text

Nach einem oder mehrmaligem Lesen schreiben die TeilnehmerInnen ihre Gedanken auf ein großes Plakat in der Mitte. Im anschließenden Gespräch werden die Assoziationen sortiert und nach inhaltlichen Gesichtspunkten gebündelt und besprochen. So kann eine Auswahl bzw. Eingrenzung der thematischen Möglichkeiten eines Textes stattfinden.

Exegese mit Symbolen

Hier werden Symbole als Kommunikationshilfe benutzt. Sie erleichtern den Einstieg in das Thema, da die erste Phase relativ offen gestaltet ist und ermuntern zur weiteren Vertiefung. Persönliche Erfahrungen und Betroffenheiten können so leichter ausgedrückt werden.
Es werden in ausreichender Anzahl Steine, Blumen, und Kerzen (Teelichte) bereitgehalten. Nach einem oder mehrmaligem Lesen des Textes kann nun jede/r (auch mehrmals) von diesen Symbolen nehmen und in die Mitte legen, verbunden mit einem entsprechenden Kommentar, der aber an dieser Stelle nicht diskutiert wird.
Stein: »Diese Stelle/ dieses Verhalten Jesu verstehe ich nicht«; »dieses Verhalten oder diese Aussage finde ich nicht gut«; usw.
Blume: »Das finde ich gut«; »hier scheint Liebe auf«; »hier wird Leben ermöglicht«, etc.
Kerze: »Mir ist ein Licht aufgegangen ...«
Ein anschließendes Gespräch über die Kommentare kann das Verständnis für den Text vertiefen.

Elementarisierung eines Textes

Zur Elementarisierung können Gespräche über ähnliche Erfahrungen im Leben führen. So sind z. B. Jesu Heilungen oft mit Berührungen verbunden: Wo habe ich Berührungen als hilfreich oder heilsam erlebt, wie ging es mir damit etc. (auch gegenseitig ausprobieren!). Manchmal finden sich in den Geschichten auch ein oder mehrere Symbole: Was sagen sie mir?

Die Heilung des Blinden in Betsaida (Mk 8, 22-26)

Diese Geschichte bietet eine Vielzahl von Handlungen und Symbolen, die thematisiert werden können:
»Und sie brachten einen Blinden zu ihm ...«
Wer hat ihn gebracht? Freunde? Menschen, die seinen Anblick nicht mehr ertragen haben? Welche Rolle spielte das Mitleid? Wie erlebe ich selbst Mitleid? Was wären unsere Motive?
Was empfand dieser Mensch? Hoffnung? Angst? Er konnte ja nicht sehen, wußte nicht, was geschehen wird. Woher kennen wir selbst solche Situationen?
»Und Jesus nahm den Blinden an der Hand und führte ihn hinaus vor das Dorf ...«
Der Blinde braucht Abstand von dem, was ihn drückt. Dazu muß ihn jemand an der Hand nehmen. Wie kann das unter uns gehen? Gespräche mit FreundInnen, Vertrauten, Berührungen ...
»Und Jesus berührte ihn mit Speichel an den Augen und legte ihm die Hand auf ...«
Im Zug sah ich, wie ein Vater seinem Sohn die frisch geschlagene Schramme mit Spucke säuberte. Wie erwarte ich Trost und Hilfe von anderen?
Berührungen, die weiterhelfen – habe ich sie schon erlebt?
»Siehst du etwas?« fragt Jesus.
Der andere soll erzählen. Von sich und dem, was er sehen kann. Er darf alles erzählen. Ohne Tabu. Das Leben kennt keine Tabus – die kennt nur unsere Moral. Wo sind unsere Erzählungen?
»Ich sehe Menschen wie Bäume, die umhergehen ...«
Da hier draußen keine Menschen sind, sieht dieser Mensch wohl seine Erinnerungen und Sehnsüchte. Er sagt sie Jesus (hier stellt sich eine Verbindung zur Beichte!): Menschen, unter deren Schatten er zu leiden hatte, die ihm das Licht abgeschnitten haben? Die ihn nicht hochkommen ließen? Sehnsucht, sich wie ein junger Baum dem Licht entgegenstrecken zu können? Das sind bekannte Lebenserfahrungen von vielen Jugendlichen!
»Und Jesus legte ihm nochmals die Hand auf die Augen ...«
Manchmal muß man mehrmals von vorne anfangen und sich nicht entmutigen lassen.

Aus solchen Gesprächen und Handlungen kann sich dann auch eine Ansprache oder eine Zeichenhandlung (z. B. Segnung oder Salbung) für den Gottesdienst ergeben.

Aufhänger einer Ansprache oder Predigt

Der Beginn einer Ansprache weist den HörerInnen bereits den Weg und öffnet sie. An seiner Kraft hängt die Bereitschaft, sich auf das zu Hörende einzulassen und die Spannung aufzubauen auf das, was nun kommt. Darum ist für den Beginn viel Sorgfalt aufzuwenden. Wie der Anfang einer Ansprache gestaltet wird, hängt von der Einbettung in den Gesamtverlauf ab. Direkt auf eine meditative Phase kann kein Anspiel folgen: Neue Kommunikations- und Aktionsformen im Gottesdienst müssen jeweils ein- bzw. übergeleitet werden.
So könnte auch das oben genannte Liebeslied »DU« von Peter Maffay durchaus Aufhänger zu einer Ansprache in der Passionszeit sein, bei der es um die Liebe Gottes bzw. den Kampf Gottes um uns Menschen geht. Dies bietet sich z. B. an zum sog. ›Weinberglied‹ (Jes 5, 1-7). Denn hier verwendet der Prophet Jesaja genau die Symbolik eines Liebesliedes zur Verdeutlichung des Werbens Gottes um den Menschen: Das Bemühen des Weingärtners um seinen Weinberg war in der damaligen Zeit eine Metapher für das Werben eines Mannes um seine Geliebte. Gott sagt zu uns: »Du bist alles, was ich will!« Die erste große Liebe vergißt man nicht – auch wenn das Werben manchmal vergeblich ist.

Szenen oder Anspiel

Szenen oder Anspiele können im Gottesdienst unterschiedliche Funktionen haben. Sie setzen entweder einen Anfangsimpuls, der im weiteren Verkündigungsteil vertieft wird. Sie können aber auch möglicherweise die Predigt ganz ersetzen.
Für Anspiele gilt die gleiche Faustregel wie für die anderen Elemente des Gottesdienstes: In der Kürze liegt die Würze. Bei Anspielen werden mehrere Kommunikationsformen und Kommunikationsebenen gleichzeitig wirksam: das gesprochene Wort, die Haltung und Ausdrucksweise der Spielenden sowie die Handlung. Von daher eignen sich Anspiele sehr gut auch für Gottesdienste, in denen z. B. ausländische Gäste oder auch Menschen mit geistigen Beeinträchtigungen anwesend sind. Aber aus diesem Grund sind sie auch die Teile eines Gottesdienstes, die der intensivsten Vorbereitung und Probe bedürfen. Wichtig ist dabei auch, daß die Spielhandlung von überall her gut sichtbar ist. Da unsere Kirchen selten so gebaut sind, daß der Raum vor dem Altar von allen Bänken her gut einsehbar ist, müssen evtl. Podeste o.ä. aufgebaut werden. Bei schwieriger Akustik sind Funkmikrophone bzw. spezielle Gruppenmikrophone (mit einem Aufnahmewinkel von bis zu 180°) hilfreich.

Verfremdung von Bibeltexten[6]

Verfremdungen bieten sich an als ›Aufhänger‹ für sehr bekannte Bibeltexte. So wird die Aufmerksamkeit hergestellt, ohne daß sich gleich von vorneherein ein gelangweiltes »Kenn‘ ich doch schon« bei den HörerInnen einstellt. Es sind mehrere Formen von Verfremdung möglich. So kann z. B. eine gegenteilige Aussage zum eigentlichen Bibeltext erarbeitet oder, wie im nachfolgenden Beispiel, mit der ›Weisheit der Welt‹ gewürzt werden[7]. Das kann seinen Sinn gerade in der Provokation haben.

Verfremdete Bibeltexte

Selig die Reichen,

denn »Geld regiert die Welt«.

Selig sind die Lauten und Oberflächlichen,
denn«wir kommen alle, alle in den Himmel«
und darum »meide den Kummer und meide den Schmerz,
dann ist das Leben ein Scherz«.

Selig die Rücksichtslosen,
denn sie »gehen über Leichen«
und werden es zu etwas bringen.

Selig, die hungern und dürsten
nach Macht und Ansehen,
denn sie werden diese Welt beherrschen.

Selig sind die Egoisten,
denn »selber essen macht fett«.

Selig sind die Raffinierten,
denn sie werden »ihr Schäfchen ins Trockene bringen«.

Selig, die alle durcheinanderhetzen,
denn sie können »im Trüben fischen«.

Selig, die ihren Mantel nach dem Wind hängen,
denn sie werden immer obenauf sein
und »machen kann man da nichts«.

6. Zur Technik der Verfremdung siehe u.a.: H. K. Berg, Biblische Texte verfremdet, Bd. 1, München – Stuttgart, 1986.
7. Aus: Alfonso Pereira, Jugend mit Gott, Verlag Butzon & Bercker, Kevelaer 1973.

Selig seid ihr,
wenn euch die Menschen
loben und anhimmeln und euch beklatschen,
weil ihr ihnen nach dem Mund redet und
»nur nicht auffallen« wollt,
denn ihr werdet gute Posten, Ehrenurkunden
und Orden bekommen.

Aber genauso können die Texte mit neuen Formulierungen oder Aktualisierungen versehen werden, die ein neues Verständnis für den gewohnten Text bringen.

Wohl prominentestes Beispiel für die Verfremdung von Texten ist Ernesto Cardenal mit seinen Psalmen[8].

Verfremdungen, Zusammenfassungen, ausgewählte Bibelverse neu zusammengestellt oder kombiniert mit literarischen Texten eignen sich aber auch für liturgische Elemente (z. B. für den Eingangsteil des Gottesdienstes). Das folgende Beispiel[9] nimmt die Zwiespältigkeit zwischen Vertrauen und Zuversicht einerseits, Zweifel und Gottesferne andererseits auf. Dem entspricht das liturgische Element des Kyrie und des Gloria (wir stehen vor Gott als ›vom Heil Getrennte‹ und zugleich von ihm ›Angenommene‹). Dabei wurden die Verse 3, 29, 30b, 37a aus Psalm 18 und die Verse 1 und 7a aus Psalm 27 kombiniert mit eigenen Worten und ausgewählten Sätzen aus einem literarischen Text[10].

Wie lange noch?

Hast du mich aus deinen Gedanken vertrieben?
Nein?
Wie lange soll das noch dauern
daß du mir ausweichst
dich in Verkleidungen vorbeistiehlst
daß du nicht abhebst wenn ich anrufe
nicht öffnest wenn ich klingle?
Soll das noch lange dauern
der Zwiespalt in meiner Seele ...

Huub Oosterhuis

8. Diese Psalmen gibt es in verschiedenen Ausgaben zu kaufen. Zwei Beispiele siehe im Teil ›Bausteine‹, S. 121ff.
9. Dieses Beispiel wurde zusammengestellt von Jutta Schmidt-Brandt und Rainer Brandt, Nürnberg.
10. Aus: Huub Osterhuis, Weiter sehen, als wir sind, Verlag Herder, Freiburg 1973, S. 34f.

Gott, mein Fels, meine Burg, mein Erretter,

mein Gott, auf den ich traue,
mein Schild und Berg, mein Schutz!
Du machst hell meine Leuchte
der Herr, mein Gott, macht meine Finsternis licht.
Mit dir überspringe ich Mauern
du gibst meinen Schritten weiten Raum.

aus Psalm 18

Und die Nachbarn, die guten Bekannten,

die über uns Bescheid wissen,
sie lachen und sagen:
Der mit seinem Gott.
Und die anderen, die mit mir umgehn
als wären sie Götter
aber von dir kein Wort!

nach Huub Oosterhuis

Gott, dein Name Immanuel: Gott mit uns

Du befreiende Kraft des Lebens
Ewiger Atem der Schöpfung
Du Fluchtpunkt meiner Gefühle
Meer der Freiheit
Quelle meines Vertrauens
Wegbegleiter – stelle meine Füße auf weiten Raum

Jutta Schmidt-Brandt

Auch dann noch klammre ich mich fest an dich

ob du willst oder nicht
auf Gnade und Ungnade.
Ich werde rufen: rette mich
oder so was wie:
hab mich lieb.

nach Huub Oosterhuis

Gott ist mein Licht und mein Heil,

vor wem sollte ich mich fürchten?
Gott ist meines Lebens Kraft,
vor wem sollte mir grauen?
Gott, höre meine Stimme, wenn ich rufe,
verbirg dein Antlitz nicht vor mir!

aus Psalm 27

Die einzelnen Textabschnitte sind mit leiser Musik unterlegt, die in den Pausen etwas lauter wird.

Sprechmotetten

Sprechmotetten können unterschiedliche Erscheinungsformen haben. Am häufigsten werden im Wechsel gelesene Texte eingesetzt. Sie begegnen uns als liturgische Elemente, wie wir sie auch in den entsprechenden Psalmen im liturgischen Teil des Gesangbuches finden. Hier lesen alle Teilnehmenden im Wechsel mit einem/r LiturgIn vorgegebene Psalmentexte. Aber auch andere biblische Texte oder Liedtexte eignen sich für diese Form.

Eine andere Form der Sprechmotette besteht darin, daß die Teilnehmenden die jeweilige Aussage des/r LiturgIn wiederholen oder nur mit einem bestimmten Satz antworten, der sich nicht verändert (z. B. beim Fürbittengebet die Antwort nach einzelnen Gebetsanliegen: »Herr, erhöre uns!«). Dieses Element zielt darauf ab, daß sich die BesucherInnen die Aussagen zu eigen machen.

Eine zweite Form äußert sich z. B. in Anlehnung an ein Anspiel. Ein Vorsprecher macht jeweils eine Aussage, und die anderen Mitwirkenden unterstreichen diese oder stellen sie mit einem plakativen Antwortsatz in Frage. Zielrichtung ist hierbei, bestimmte Aussagen schlagwortartig und so in eindringlicher Form deutlich zu machen:

Sprechmotette

Yuppie: Das Wichtigste für mich im Leben ist Wohlstand und Spaß!
Alle: Ich bin der Herr, dein Gott, du wirst keine anderen Götter haben neben mir!
AutofahrerIn: Die Mobilität ist der wichtigste Bestandteil unserer Lebensqualität!
Alle: Ich bin der Herr, dein Gott, du wirst keine anderen Götter haben neben mir!

FabrikantIn: Ich baue Autos zum Leben! Autos ›made in Paradise‹!
Alle: Ich bin der Herr, dein Gott, du wirst keine anderen Götter haben neben mir!
BürgerIn: Also wenn ich mir die Behinderten so ansehe ...! Das ist doch kein Leben! Das Wichtigste im Leben ist die Gesundheit!
Alle: Ich bin der Herr, dein Gott, du wirst keine anderen Götter haben neben mir!
Computerfreak: Der PC ist mein ganzer Lebensinhalt!
Alle: Ich bin der Herr, dein Gott, du wirst keine anderen Götter haben neben mir!
TechnikerIn/ForscherIn: Mit unserer Forschung können wir das Leid aus der Welt schaffen!
Alle: Ich bin der Herr, dein Gott, du wirst keine anderen Götter haben neben mir!

Sprachliche und nichtsprachliche Aktionen

Nicht alle GottesdienstteilnehmerInnen können oder wollen sich ›entäußern‹ durch aktive Beiträge wie: Zettel schreiben, malen, Redebeiträge liefern etc. Wird dennoch so etwas geplant, müssen die Teilnehmenden von vornherein informiert werden, was mit ihren Äußerungen während des Gottesdienstes und im Anschluß daran passiert (z. B. die Zettel werden eingesammelt und Teil eines Fürbittengebetes und werden hinterher vernichtet)! Doch bleibt das Problem, wenn BesucherInnen Schwierigkeiten haben, Texte zu erfassen oder gar zu verfassen. Für Menschen mit geistiger Behinderung oder auch einer Lernbehinderung ist dieses Element nicht zu empfehlen.
Erleichtert wird eine Äußerung z. B. durch Symbole (siehe hierzu auch das Kapitel ›Symbole im Gottesdienst‹, S. 65). So kann jede/r seine Empfindungen, Aussagen in ein Symbol hineinlegen und z. B. nach vorne zum Altar bringen. Auf diese Weise ist er eingebunden, ohne allen sein Innerstes zeigen zu müssen.

Symbolische Aktion

Auf einem Tisch im Altarraum ist ein großes, rundes, dunkelblaues Tuch ausgebreitet. Ein goldener Reif (Gymnastikreifen mit Goldpapier umwikkelt) liegt darauf. Wir gestalten unsere Welt und unser Leben darin. Alle Teilnehmenden suchen aus einem Materialangebot das für sie passende Symbol aus (Edelsteine, Steine, vergoldete oder versilberte Holzperlen, verschiedene Naturmaterialien, Ringe, Holzstäbe in verschiedenen Farben etc. – der

Phantasie sind keine Grenzen gesetzt – positive und negative Symbole bereithalten![11] und bringen sie nach vorne in die symbolisierte Welt. In der Mitte dieser Welt hat dann z. B. auch ein Abendmahlsbrot seinen Platz: Jesus kommt mitten in unser Leben hinein.
Bei dieser Aktion bestimmen die Teilnehmenden das endgültige Erscheinungsbild und interpretieren auch je für sich selbst den Inhalt des Symbols und des fertigen Bildes. Darum kann im Anschluß daran nur eine ganz allgemeine Deutung der Aktion und des Bildes mit offenen Formulierungen erfolgen.

Im folgenden Beispiel werden die GottesdienstbesucherInnen über eine Handlung einbezogen, die ein/e LiturgIn vollzieht:

Taufgedächtnis im Gottesdienst

Text: Wie hat es angefangen zwischen Jesus und mir? Wie hat es angefangen zwischen Jesus und den Menschen? Es folgt eine Nacherzählung der Taufe Jesu (Luk 3,21f.).
Aktion: Es folgt ein Taufgedächtnis, indem jedem/jeder, der/die es möchte, am Taufstein ein Kreuz mit dem benetzten Finger auf die Stirn oder in die Hand gemacht wird mit den Worten: »N.N., du bist Gottes Kind (Sohn/Tochter), Gott hat Freude an dir!«

Dieses Element eignet sich sowohl für den Eingangsteil im Gottesdienst (mit einer anderen Einleitung z. B. im Zusammenhang mit dem Sündenbekenntnis als Lossprechung) als auch für den Verkündigungs – oder Schlußteil. Hier liegt das inhaltliche Gewicht dann auf der Segenshandlung.
Auf einer Gruppenfreizeit bieten sich intensivere Aktionsformen an als in einem dekanatsweiten Jugendgottesdienst in einer Kirche. Hier ein Beispiel für eine mögliche Aktion zum Thema Buße:
Man ist eingeladen, zum Kreuz zu gehen, das von einigen Kerzen beleuchtet flach auf dem Boden liegt, und für einen Augenblick die Stirn auf das Holz des Kreuzes zu legen. Dies ist eine einfache Geste, um – anders als durch Worte – Jesus Christus alle Lasten und Probleme anzuvertrauen, die eigenen und die von anderen, die in der Familie, in der Gruppe, in der Gemeinde, im Stadtviertel, im eigenen Land und in der ganzen Menschheitsfamilie.(Aus Taizé)
Es ist bei solchen Aktionen jedoch darauf zu achten, daß sich niemand gezwungen fühlt, diese Form mitzumachen. Ihr Gelingen hängt wesentlich von

11. Kataloge von Versandfirmen für Bastelmaterial und Kindergartenbedarf sind hierfür eine reichhaltige Fundgrube.

der herrschenden Atmosphäre in der Gruppe und im Gottesdienst ab. Dabei helfen kurze und klar formulierte Anweisungen den GottesdienstbesucherInnen, sich in den Aktionen zurechtzufinden.

Umgang mit literarischen Texten

Literarische Texte können innerhalb des Gottesdienstes verschiedene Funktionen haben. Sie können bestimmte Begriffe einführen oder erläutern, neue Gedanken anregen oder die Wirkung des Evangeliums in der Welt und der Lebenswirklichkeit darstellen bzw. ›die Welt‹ in den Gottesdienst hereinholen.

Literarische Texte im Verkündigungsteil

Grundsätzlich kann gesagt werden, daß alle Fremdtexte, die in einem Gottesdienst verwendet werden sollen, darauf untersucht werden, ob sie Gedanken oder auch Stilelemente beinhalten, die vom Gottesdienstthema wegführen. Diese Wegführung ist auch zu beachten, wenn ich anhand des Textes einen ganz bestimmten Inhalt vermitteln möchte, der Text selbst aber mehrere Gedanken beinhaltet. Hier ist Umarbeitung, Streichung, Umstellung, Neukombination etc. nötig, wobei darauf zu achten ist, daß sich keine stilistischen oder sogar inhaltlichen Brüche einschleichen.

Literarische Texte in der Liturgie

Literarische Vorlagen können auch umgearbeitet werden zu liturgischen Elementen. Ein Meditationstext kann sich zu einem Fürbittengebet oder einem Sündenbekenntnis wandeln.

Meditation[12]

Laßt Euch selbst als lebendige Steine ...

Der Stein des Anstoßes –
die Gabe, etwas in Bewegung zu bringen.

12. Vgl. auch im Teil ›Bausteine‹, wo dieser Text in einem anderen liturgischen Zusammenhang aufgeführt ist, S. 166.

Der Stein der Begegnung –
die Fähigkeit, auf andere zuzugehen.
Der Stein der Hoffnung –
Hoffnungsträger sein.
Der Grenzstein –
streiten können.

Laßt Euch selbst als lebendige Steine
in den Tempel einfügen ...

Der Ruhestein –
die Fähigkeit zuhören zu können.
Der Stein in der Brandung –
politisches Engagement.
Der Stein der vom Herzen fällt –
sich verletzlich zeigen zu können.
Der Stein der Weisen –
Lachen und Weinen können.

Laßt Euch selbst als lebendige Steine in den
Tempel einfügen, den der Geist Gottes baut.

Der Stein der ins Rollen kommt –
Wegbegleiter sein
Der Stein der im Weg liegt –
Toleranz üben.
Der Altarstein –
Spiritualität leben können,
lebendige Spiritualität,
gelebte Spiritualität.

(Jutta Schmidt Brandt und Christine Tröger, für ein Feierabendmahl der Evang. Jugend München 1993)

Aus diesem Text läßt sich durch Umformulierung einzelner Aussagen ein sehr schönes Fürbittengebet zum Thema ›Steine/Leben/Mitmenschlichkeit/Lasten‹ machen:

1. SprecherIn: *Der Stein des Anstoßes –*
2. SprecherIn: die Gabe etwas in Bewegung zu bringen.
3. SprecherIn: Herr, laß uns selbst immer wieder Stein des Anstoßes werden und erstarrtes Leben in Bewegung bringen.

usw.

Aber auch selbst Texte zu verfassen, macht manchen Mitgliedern im Vorbereitungsteam Spaß. Hier sollte dann aber nicht zu viel an Formulierungen und Aussagen kritisiert werden – schließlich ist das Verfassen eines Textes die Preisgabe von einem Teil der eigenen Persönlichkeit. Natürlich gehört Mut dazu – aber einen Versuch sollte es immer wert sein. Denn so kommt ein gutes Stück Wahrhaftigkeit und persönlicher Überzeugung in den Gottesdienst, die so wichtig ist für die Glaubwürdigkeit der ganzen Verkündigung. Als Beispiel soll hier ein Text von einer Teilnehmerin an einer Gruppe im Beratungs- und Freizeitprojekt der Evangelischen Jugend München angeführt werden, der sich z. B. gut für den Schlußteil eines Gottesdienstes (z. B. zum Thema Arbeitslosigkeit) eignet:

Ein eigener Text

Mein Weg[13]

Geh die Straße entlang,
einmal auf, einmal ab,
durch stockfinstre Nacht
und durch hellichten Tag
mal gerade mal kurvig,
über Teer und Stein,
so geh ich meinen Weg,
doch nicht immer allein.
Hab ein Ziel vor den Augen,
auf das ich stets schau,
doch wie ich dort hinkomm,
weiß ich nicht so genau,
ob es links oder rechts geht
oder nur gradeaus,
das ist mir ein Rätsel,
ich probiers einfach mal aus.
Doch bin ich angekommen,
hab mein Ziel gut erreicht,
schau stolz ich mich um,
denn,
mein Weg war nicht leicht.

13. Gisela Mück 1993.

Nonverbale Kommunikationsformen
Symbole

»Der Mensch sieht, ehe er denkt«
(W. Jetter)

Was verstehen wir unter einem Symbol?

Ein *Symbol* repräsentiert ein Stück Wirklichkeit und in diesem das Ganze. Es vermittelt als Teilstück einer Sache das Bild des Ganzen (so kann ein Stein einen ganzen Berg, dessen Teil er einmal war, vor meinem inneren Auge auftauchen lassen).
Aber ein Symbol weist auch über das Dingliche hinaus in eine geistige oder geistliche Realität, die nur mit vielen Worten zu beschreiben wäre (so ist der Stein häufig Bild für Lasten oder Schuld, vgl. hierzu auch das Sprachsymbol: ›Ein Berg (von Problemen/Ängsten) steht vor mir‹ oder ›er ist über den Berg‹, wenn jemand sich auf dem Weg der Genesung befindet). Das Symbol regt durch das sinnliche Sehen mit dem Auge das Sehen mit dem inneren Auge an. Eine zusätzliche verbale Deutung kann diesen Prozeß unterstützen – aber auch abtöten!
Folgende Unterscheidungen sind hilfreich:
Zeichen sind relativ frei interpretierbar, sie gründen sich auf eine Absprache unter Beteiligten oder eine Deutungstradition (z. B. die Geste, für eine gelungene Leistung zum Lob den Daumen nach oben zu zeigen).
Symbole können unterschieden werden in:
Situationssymbole: Sie entstehen aus gruppendynamischen Prozessen und zeigen die Zugehörigkeit zu einer bestimmten Gruppe, daraus folgt eine Stärkung des Selbstbewußtseins und es wird ein Gefühl von Geborgenheit vermittelt (z. B. zeigt ein bestimmtes Outfit die Zugehörigkeit zu einer bestimmten Lebenseinstellung oder Gruppierung und erleichtert den Kontakt zu Gleichgesinnten bzw. die Abgrenzung zu anderen)
Grundsymbole oder *Ursymbole:* Hierin treffen wir wieder eine Unterscheidung in Kulturkreis- bzw. regional abhängige Symbole (z. B. die Tanne, bei uns Symbol für das Leben im Tod, hat z. B. bei Wüstenvölkern keine Bedeutung) oder allgemeine Grundsymbole (z. B. Licht, Nacht, Stein, die vier Elemente der Antike: Erde, Wasser, Feuer, Luft, die wesentlich zur Deutung der Weltzusammenhänge dienten).
An dieser Stelle soll es uns nicht um sogenannte *Sprachsymbole* gehen, die vor allem im religiösen Bereich als Symbole genannt werden (z. B. das Glaubensbekenntnis).

Wozu Symbole?

Symbole helfen zur Erfassung von abstrakten Lebensvollzügen und zwischenmenschlichem Geschehen mit Differenzierungsmöglichkeiten je nach Fähigkeiten der einzelnen. In unseren Träumen, die mit Symbolen das Erlebte darstellen, erkennen wir die Bedeutung der Symbole für die Erfassung von Lebensvollzügen. Symbole zu bilden und mit ihnen zu leben bzw. mit ihnen Lebensvollzüge greifbar und beschreibbar zu machen, ist eine lebenswichtige Fähigkeit des Menschen. So wissen wir von Kindern, wie notwendig die Fähigkeit zur Übertragung von Befindlichkeiten auf Symbole wird. Für ein Kind ist es von grundlegender Bedeutung für seine Entwicklung, wenn es einen Teil seiner Mutterbindung auf ein Stofftier übertragen lernt, das dann auch ›Trost‹ spenden kann, wenn die Mutter nicht da ist. Das Stofftier übernimmt so symbolisch die Funktion der Mutter und wirkt bis in die Jugendzeit und manchmal darüber hinaus.
Symbole im Gottesdienst sollen nicht die Inhalte der Symbole vermitteln, sondern sie machen sich die Symbolfähigkeit des Menschen zunutze, um das Wort Gottes zu verkündigen. Diese Verkündigung versucht, die dem Gegenstand innewohnende (geistige oder geistliche) Bedeutung fruchtbar zu machen für das gemeinschaftliche Zusammenleben der Menschen untereinander, zwischen Mensch und Natur, zwischen Mensch und Gott.

Symbole vermitteln Geborgenheit
Hier kann als Beispiel das befreite Lachen eines mehrfach behinderten Mädchens stehen, das im Konfirmandenkurs beim Anblick des Kreuzes die ›reale‹ Gegenwart seines Freundes Jesus spürte (hier geschah das gleiche wie mit der Übertragung auf ein Stofftier) und wußte: »Ich bin nicht allein!«

Symbole vermitteln Vertrauen und Dankbarkeit
Symbole kennen keinen erhobenen Zeigefinger, positive Symbole regen an zu Dankbarkeit und Freude.

Symbolhandlung Edelstein und Sand

In einer mit Sand gefüllten Schale sind Edelsteine versteckt. Scheinbar Wertloses birgt meist viele Schätze. Wenn ich mir selbst manchmal wertlos vorkomme ...
Jede/r kann sich aus dem Sand einen Edelstein herausgraben und ihn behalten. So wird mein Wert sichtbar, spürbar, faßbar.

Eine solche positive Grundeinstellung schafft auch bessere Voraussetzungen für Übernahme von Verantwortung als jede Ermahnung.

Symbolhandlung Schuld – Figuren

Konflikte bzw. Schuldsituationen können über Handpuppen oder Marionetten nachgespielt werden. Die Zuschauer können sich mit bestimmten Figuren identifizieren oder sich distanzieren. Diese Freiheit erleichtert die Bereitschaft, sich bestimmte Handlungsweisen einzugestehen.

Symbolhandlung Taufe und Vergebung

Auf glatte Kieselsteine kann nach einer Eingangsmeditation in Stichworten mit wasserlöslichem Folienstift Schuld aufgeschrieben werden. Anschließend werden die Steine ins Taufbecken gelegt und die ›Schuld‹ löst sich sichtbar im Wasser auf. *(Achtung: Vorher bei allen Steinen, die ausgeteilt werden sollen, ausprobieren. Bei manchen Steinen zieht die Farbe zu tief ein und die Schrift bleibt längere Zeit haften!)*
Es bedarf keiner großen theologischen Erläuterung mehr, um den Zusammenhang von Taufe und Vergebung augenscheinlich zu machen (vgl. den Satz in der Lossprechung beim agendarischen Sündenbekenntnis: ›Wer da glaubt und getauft wird, der wird selig werden!‹).

Symbole arbeiten und wirken hauptsächlich auf der Gefühlsebene, von daher ist mit ihnen verantwortlich umzugehen!
Deshalb sind geeignete Symbole sorgfältig auszuwählen. Negativ eingeführte Symbole, wie z. B. ›der Stein, der mich belastet‹, dürfen niemals isoliert stehen bleiben, sie müssen ›abgelegt‹ werden können (siehe Beispiel oben). Symbole bieten auch die Möglichkeit, Inhalte spezifisch auf eine Zielgruppe oder ein Thema hin zu elementarisieren.

Symbolhandlung »Das ist mir geschenkt«

So kann z. B. das Symbol der Blume, mit einem freundlichen Lächeln überreicht, Freude und das Wissen: »Das ist mir geschenkt, es denkt jemand an mich«, vermitteln. Er/Sie öffnet sich für die Begegnung mit dem liebenden Gott. Dazu braucht es keine großen Worte mehr.
Durch die Verwendung von Symbolen ist auch ein gewisses Maß an Wiedererkennbarkeit außerhalb des Gottesdienstes gegeben, da unsere Symbole der realen Lebenswelt entnommen sind. Dies gilt auch für das Kirchenjahr.

Ordnung ist das halbe Leben!

Symbole ordnen die Welt für unser Begreifen, daher muß unser Umgang mit ihnen ebenfalls in bestimmten Ordnungsrahmen ablaufen. Zu diesem Ordnungsrahmen gehört auch die innere Vorbereitung auf die Begegnung mit dem Symbol durch Einstimmung und evtl. einen besonderen Ort der Begegnung bzw. Handlung (z. B. im Altarraum). Hier werden auch ausgeteilte Symbole, wie z. B. Steine, von jedem/jeder einzelnen abgelegt.

Probleme im Umgang mit Symbolen

Die erwarteten Erfahrungen der Teilnehmenden mit den Symbolen sind nicht immer eindeutig steuerbar. Die Gefahren von Mißdeutungen sind gegeben, können aber durch gründliche Vorbereitung vermindert werden.
Oft erlebe ich auch, daß zu viele Symbole verwendet werden oder ein Symbol mit mehreren verschiedenen Bedeutungen vorgestellt wird. Faustregel: Möglichst nur ein Symbol verwenden (wenn mehrere, dann nur, wenn sie in enger Verbindung stehen sollen und diese Verbindung den Inhalt der beabsichtigten Verkündigung ausmacht – siehe oben das Beispiel ›Stein und Wasser‹).
Auch tendieren wir dazu, nicht die Symbole, sondern ihre verstandesmäßig faßbaren Bedeutungen in den Vordergrund zu stellen: Möglichst alle Deutungsmöglichkeiten sollten vorkommen und benannt werden, ein Symbol könnte nur dann wirken, wenn es verstandesmäßig erfaßt werden könne von möglichst allen Besuchern ... – und so die Begegnung mit dem Symbol totzureden. Es bedarf einer gewissen Überwindung, das Ergebnis nicht eindeutig steuern zu wollen und die unbewußte Begegnung zuzulassen.

Nonverbale Kommunikationsformen Zeichenhandlungen

Segnungen

Die wohl bekannteste Zeichenhandlung ist der Segen. Diese Form des Zuspruchs für einen Menschen kann in verschiedenen Variationen geschehen. Der Segen mit Kreuzeszeichen am Ende des Gottesdienstes, der persönliche Segen z. B. bei der Konfirmation oder der Trauung mit Handauflegung, das Kreuz mit Wasser in die Hand gezeichnet beim Taufgedächtnis sind Zuspruchsformen mit unterschiedlicher Intensität.

Nun kann sich aus den Vorbereitungsgesprächen ergeben, daß eine Segnung im Gottesdienst angeboten werden soll (so wäre die Aussage Jesu: »Ich bin das Brot des Lebens« durchaus Anlaß für eine Segenshandlung. So wie das Brot eine leibliche Erfahrung darstellt, an deren Notwendigkeit niemand zweifelt, kann das ›seelische Brot der Liebe und der Zuwendung Gottes‹ durch die Handlung des Segnens erfahrbarer gemacht werden). Diese persönliche Segnung kann am Altar, am Taufstein oder – falls vorhanden – an einem Seitenaltar durchgeführt werden. Als mögliche Form in einem Jugendgottesdienst bietet sich die Anlehnung an die ›Wandelkommunion‹ an (die BesucherInnen kommen der Reihe nach zum Ort der Segnung und gehen dann zu ihren Plätzen zurück). Alternativ kann sie in einer ›offenen Phase‹ als freies Angebot im Gottesdienst ihren Platz finden (siehe hierzu die Beschreibung der ›Offenen Phase‹ in der Thomasmesse S. 93). Zu beachten ist aber immer, daß sich keine/r der BesucherInnen gezwungen oder ›zur Schau gestellt‹ fühlt. Um nicht aufgesetzt oder gar peinlich zu wirken, muß sich die Segnung auch logisch aus dem gesamten Gottesdienstverlauf entwickeln und zur Atmosphäre passen. Hier ist viel Fingerspitzengefühl nötig, denn für viele ist die körperliche Berührung ungewohnt. Sie kann daher Unsicherheiten oder gar Ablehnung hervorrufen. Diese Vorsicht gilt um so mehr für Salbungen (siehe hierzu die Vorschläge in der Thomasmesse S. 93 und im Gottesdienstentwurf ›Alles was Liebe ist‹ S. 107).

Friedensgruß

Großer Beliebtheit im Jugendgottesdienst erfreut sich der Friedensgruß während des Abendmahles, bei dem sich die BesucherInnen grüßen und sich dabei die Hand reichen. Dies geschieht meist in der engeren Umgebung, man grüßt seine Freunde und Freundinnen. Warum nicht einmal gezielt auf Menschen zugehen, die man (noch) nicht kennt? Oder auf anwesende ältere Gemeindeglieder. So können sich BesucherInnen, die zum ersten Mal in der Gemeinde im Gottesdienst sind, aufgenommen fühlen.
Im Zusammenhang mit dem Friedensgruß, aber auch an anderer Stelle der Liturgie, können kleine Geschenke ausgetauscht werden (vgl. die Geschichte von den kleinen, warmen Pelzchen[14], kleine Schachteln mit einem lieben Gruß – der auch durchaus von den BesucherInnen während des Gottesdienstes geschrieben werden kann – darin, etc.).

14. Dieses amerikanische Märchen kursiert inzwischen in vielen Variationen. Es ist auch als Diaserie erhältlich: ›Die verschenkte Freude‹, Impuls-Studio, Ottweilerstr. 3, 81737 München.

Andere Zeichenhandlungen

Für die Aussage: »Ich habe keine Hände als Eure Hände« könnten die BesucherInnen ihre Hand an einer Kerze (Osterkerze) wärmen, die Hand dann vorsichtig auf die Wange des/der NachbarIn legen und so die Liebe Gottes zeichenhaft weitergeben.
Viele Zeichenhandlungen ergeben sich aus den entsprechenden Vorbereitungsgesprächen zum Bibeltext (vgl. ›Umgang mit biblischen Texten‹ S. 52). Der Phantasie sind auch hier jedenfalls keine Grenzen gesetzt. Zu beachten ist aber: Soll die Zeichenhandlung den Charakter des Zuspruchs haben, muß sie von einem/einer der liturgischen LeiterInnen des Gottesdienstes durchgeführt werden und braucht viel Feingefühl. Soll sie gemeinschaftsstiftenden Charakter haben, können die Teilnehmenden einbezogen werden (z. B. indem sie sich den Segen weitergeben, Friedensgruß etc.).
Die Art und die Durchführung hängen natürlich sehr ab von der Atmosphäre im Gottesdienst und von seinem Ort. Bei einer Gruppenfreizeit sind sie leichter und intensiver erlebbar (vgl. das Beispiel zum Sündenbekenntnis Seite 40) als in einem großen Gottesdienst (außer bei einer Konzeption ähnlich der Thomasmesse).

Medien im Gottesdienst

Gut getestet ist halb gewonnen!

Generell hängt der Einsatz von Medien natürlich ab vom Thema und v.a. von den örtlichen Gegebenheiten (z. B. Lautsprecheranlage für schwierige Akustik im Raum).
Doch einige Klärungen vorab helfen, sowohl bei der Vorbereitung, aber vor allem auch bei der Durchführung des Gottesdienstes, Streß zu vermeiden.
Grundsätzlich ist der Gottesdienst keine Show-Veranstaltung (damit können wir in den seltensten Fällen konkurrieren). Medien dienen zur thematischen Bearbeitung oder zur Unterstützung: Sie können helfen, sich auf Aussagen zu konzentrieren oder sie zu unterstützen, sie können aber auch ablenken!
Daher ist es sinnvoll, die Anzahl der eingesetzten Medien zu begrenzen.
Zunächst alle geplanten Medien im vorgesehenen Raum testen! Nichts bringt mehr Hektik als ein falsch plazierter Diaprojektor, eine nicht funktionierende Steckdose, ein defektes oder leierndes Cassettengerät! Also: Ausreichend Zeit für die Tests einplanen, altersschwache Geräte ersetzen.
Die Verstärkeranlage muß ausreichend dimensioniert sein – muß sie zu stark aufgedreht werden, ist lästiges Rauschen die Begleitmusik.

Für jedes eingesetzte Medium auch eine verantwortliche Person vorsehen! Das Hin- und Herlaufen zur Bedienung verschiedener Medien ist selten förderlich für die Stimmung in der Kirche.
Musikeinspielungen auf jeden Fall ein- und ausblenden. Das abrupte Ende meditativer Musik, möglichst noch mit einem lauten Knackgeräusch verbunden, reißt jeden Hörer aus seinen schönsten Träumen. Hier leistet auch eine Fernbedienung gute Dienste (an die Batterien denken!).
Bei Bildprojektionen die Position der Leinwand bzw. des Projektionsgerätes bedenken. Eine Bildmeditation, bei der nur ein Teil der BesucherInnen etwas erkennen kann, frustriert die anderen BesucherInnen und beeinflußt ihre Stimmung auch für den weiteren Gottesdienstverlauf. Gleiches gilt für die Verdunklung. Ist sie nicht möglich, dann kann der Einsatz eines Overheadprojektors geprüft werden. Dias können in einem Copy-Shop auf Folie gezogen werden. Sind Bildvorlagen vorhanden, können sie auch gut über den PC eingescannt und auf Folie ausgedruckt werden.
Bei großen Veranstaltungen kann der Overheadprojektor auch als Ersatz für Liedblätter eingesetzt werden.

Lichteffekte im Gottesdienst

»Licht singt tausendfache Lieder
Gott wird Welt im farbig Bunten«
(Herrmann Hesse)

Das Licht spielt in unserer gegenwärtigen Gottesdienstkultur noch eine untergeordnete Rolle. Spots, Disco-Lights etc. sind in der Kirche nicht zu Hause. Dabei hat das Licht als ein Ursymbol eine tiefe Dimension vor allem auch im religiösen Bereich. Warum sollte also z. B. das Jesuswort »Ich bin das Licht der Welt« einmal nicht durch Kerzen, sondern durch gezielten Einsatz von anderen Lichtquellen sinnenfällig gemacht werden?
Ein Spotlight kann helfen, sich auf einen bestimmten Gegenstand, ein Symbol oder ein bestimmtes Geschehen in der Kirche zu konzentrieren. Die geschickte Auswahl der Farbe des Lichtes kann dann zusätzlich die Botschaft unterstützen. Hierbei ist aber auch die Wirkung des Lichtes im Zusammenhang mit dem Raum zu beachten: Farben passen mitunter nicht zur Raumatmosphäre – also ausprobieren! Ein Dimmer leistet zusätzlich gute Dienste. Lichteffekte zu Musik oder Liedern können durchaus die Stimmung und emotionale Öffnung der Besucher positiv beeinflussen.
Der Kreativität sind hier keine Grenzen gesetzt.

Roland Schwarz

Message und Feeling
Die Musik

Der Kulturträger oder: was Musik mit mir (und anderen) macht

Wir sitzen im Team zusammen und haben den nächsten Jugendgottesdienst fast fertig vorbereitet: das Thema ist gefunden, der Ablauf festgelegt, der Raum und die Gestaltung geklärt. Was noch fehlt, ist die Musik. Wie so oft ist aber die Zeit schon fortgeschritten und wir delegieren diesen Teil an die Band. Schließlich haben wir ja im Programm die Orte der Lieder festgelegt und beim Schlußlied sogar schon einen Wunschtitel. Zwei Wochen später: In der Auswertung des Gottesdienstes stellen wir fest, die harte Rockmusik der Band mit ihren überwiegend englischen Texten hat überhaupt nicht zur sonstigen Gestaltung gepaßt und den Jugendgottesdienst in zwei Teile zerfallen lassen. Sollen wir keine Band mehr einladen? Aber als wir vor einem halben Jahr den Organisten baten, haben wir es ähnlich erlebt – obwohl er sich redlich Mühe gab, sich auf Jugendliche einzustellen.
Wir müssen der musikalischen Gestaltung in der Vorbereitung einen größeren Platz einräumen. Die erklingende und gesungene Musik ist eben mehr als nur die Auflockerung zwischen den anderen Gestaltungselementen. Die Musik des Gottesdienstes prägt die Atmosphäre und die Stimmung oft mehr als alles andere. Dabei geht es nicht nur um die Alternative zwischen »alten Chorälen« und »neuen Liedern«, so als würden neue Lieder schon allein dadurch zum Jugendgottesdienst passen, weil sie neu sind. Und auch die klassische Wahl einer Band statt der Orgel ist zu kurz gegriffen. Einfach nur das Instrumentarium auszutauschen, genügt nicht.
Die Auswahl und Präsentation der Musik zeigt, in welcher kulturellen Form der Gottesdienst gefeiert werden soll. Dabei genügt es nicht mehr, einfach nur Lieder aus dem Gesangbuch auszuwählen, die nach 1960 entstanden sind, und sie von einer Gitarre begleiten zu lassen.
Schließlich spezialisieren und differenzieren sich die musikalischen Präferenzen Jugendlicher immer mehr. Gleichzeitig sind sie durch ihre Rezeptionsgewohnheiten in der Lage, verschiedene Stile (überwiegend popmusikalischer Art) zu unterscheiden. Bernd (18) steht als Mod auf Ska-Musik (»Madness«, »Specials«), Ratte (17) steht als Punkerin natürlich auf »Dead Kennedys«, andere auf House, Techno oder Hip Hop. Ach ja: und dann gibt es natürlich noch die Popmusik. Sie ist eine Art Weltkultur: Junge Menschen auf dem Platz des himmlischen Friedens in Peking, in der U-Bahn Moskaus, auf der 5th Avenue in New York, an den Stränden des Mittelmeeres oder im

Herzen Afrikas hören ähnliche Musik. Doch Jugendliche rezipieren dabei nicht nur unkontrolliert. Sie beschäftigen sich auch mit ihren Lieblingsinterpreten und -stilen. Sie prägen sich die ständigen Veränderungen (Namen von Musikern und neuen Gruppen) ein, sammeln Star-Fotos, verfolgen die Hitparaden, kennen Details aus dem Leben der Stars und Anekdoten aus der Szene. Der individuell bevorzugte Musikstil wird ein Teil des eigenen Lebens und scheint sich mit den Jahren nicht mehr wesentlich zu verändern. Wenn also auch älter werdende Menschen den Musikstilen ihrer Jugend weitgehendst treu bleiben, dann entwickelt sich damit das Lebensgefühl vieler Popmusikrezipienten auf der einen und die gelebte Gottesdienstkultur der Kirchen auf der anderen Seite auseinander! Die Kirchen werden sich also langfristig auf eine veränderte kulturelle Gestalt ihrer Gottesdienste einstellen müssen.
Derzeit ist diese gesamtgesellschaftliche Entwicklung deutlich, fast wie durch ein Brennglas betrachtet, im Bereich der Jugendarbeit zu spüren. Ich möchte darum aus den Ergebnissen diverser Jugendstudien und der eigenen Praxis Aussagen formulieren, wie sie aus dem Mund Jugendlicher kommen könnten. Diese Aussagen können während des Vorbereitungsprozesses eine Hilfe sein:

- Bei uns gibt es keine harten Bänke. Entweder sitzen wir im Sessel des Konzertsaales oder wir stehen einfach und tanzen.
- Die Aussage (die Message) der Gruppe wird mit Licht und Ton und einer ausgefeilten Show so in Szene gesetzt, daß sie für uns überzeugend ist.
- Die Lieder können wir mitsingen, weil wir uns damit beschäftigt haben und sie jeden Tag im Walkman oder Radio hören.
- Insgesamt ist aber die Stimmung, das »Feeling« für unsere Meinung entscheidend.
- Unser aktives Dabeisein drücken wir durch Beifall, Pfeifen oder mit brennenden Feuerzeugen aus.
- Ich bin religiös, aber die Kirche mit ihren alten Zöpfen kommt für mich nicht in Frage. Ich habe mir aus unterschiedlichen Religionen und Weltanschauungen das zusammengestellt, was mir entspricht.
- Hat schon einmal jemand etwas von einem Popevent zur besten Ausschlafzeit der Woche am Sonntagmorgen gehört?

Können dann Jugendliche überhaupt nicht mehr durch Gottesdienste angesprochen werden? Gibt es keine »kulturellen Brücken« mehr von ihrer Welt zum Jugendgottesdienst? Beim genauen Hinsehen entdecken wir doch an manchen Stellen Überschneidungen beider Kulturen.
Die Ähnlichkeit im Ablauf eines Popkonzertes etwa mit einem Gottesdienst ist evident. Angefangen mit der »Pilgerfahrt« der Anreise. Dann das Eingangsritual: Begrüßung durch die Vorgruppe. Sie soll den freudigen Erwartungsdruck steigern und aus den vielen Einzelindividuen eine homogene

Masse machen, die nur noch auf die »Inkarnation« des Ersehnten wartet. Schließlich, der herbeigesehnte, herbeigepfiffene und herbeigeklatschte Moment der Erscheinung aus der Dunkelheit der Bühne in die aufblitzenden Lichtkegel der Scheinwerfer. Der Star und seine Musiker agieren als »Priester« auf dem »Altar« der Bühne. Die »Gemeinde« klatscht und singt bei Refrains und teilweise bei ganzen Liedern mit – instruiert von »Hilfspriestern« auf der Bühne. Und schließlich das Ritual der Hinauszögerung durch Zugaben. Die »Kult- und Ritualqualität« eines Konzertes zeigt die bewährten Grundmuster liturgischer Abläufe und vermittelt sie auf diese Weise auch säkularisierten Jugendlichen.
Die Geschichte der Jugendgottesdienste hat dem unterschiedlichen Rezeptionsverhalten Jugendlicher immer wieder Rechnung getragen. Vom Jazz- über den Rock- zum Techno-Gottesdienst. Dabei steht der jeweilige Musikstil synonym für einen Lebensstil mit Normen und Verhaltensweisen. Will man nicht einer billigen Anbiederung das Wort reden, die sich lediglich mit dem »Mäntelchen« eines Musikstiles schmückt, so geht es dabei um die Inkulturation des Evangeliums in das jeweilige Kultursegment. Die Grundstruktur des Inkulturationsprozesses ist im Gleichnis vom Weizenkorn (Joh 12) wiedergegeben. Aber Inkulturation ist »weder von oben zu verordnen noch von unten durch einzelne, die sich als Basis bezeichnen, zu bewerkstelligen. Sie ist ein Prozeß des Wachsens und Reifens. Dabei muß einiges von der Kultur, in die der Same des Evangeliums gesät wird, sterben. Zugleich stirbt aber auch manches der kulturellen Schale, in der der Same des Evangeliums in die andere Kultur gesenkt wird.«[1] Wer also Jugendgottesdienste mit speziellen Kulturen Jugendlicher (etwa Techno) feiern will, muß selbst in der jeweiligen Szene beheimatet sein. Gleichzeitig muß er in den religiösen und liturgischen Traditionen und Überzeugungen der christlichen Kirche verwurzelt sein. Nur so ist der notwendige Transfer leistbar. Allerdings ist dann auch jede Stilrichtung zur Feier eines Gottesdienstes grundsätzlich geeignet. Wer sich also kulturell nicht einfach anbiedern will, muß nicht nur überlegen, welche Zielgruppe er erreichen möchte, sondern auch, welche Zielgruppe er erreichen kann! Jugendliche honorieren es nicht als Zeichen der jovialen Aufgeschlossenheit, wenn sie merken, daß die Gottesdienstverantwortlichen lediglich »auf Hip Hop machen«. So wird die überwiegende Mehrzahl der Jugendgottesdienste sich wohl im Mainstream der Popkultur bewegen. In einem Bereich, der eine größere »Schnittmenge« an Jugendlichen kulturell anspricht. Sie werden dankbar eine ihnen entsprechende kulturelle Gestalt der Jugendgottesdienste hinnehmen. Gleichzeitig werden sie

1. Bertsch, Ludwig SJ: »Inkulturation des christlichen Glaubens in der nachchristentümlichen Gesellschaft der westlichen Welt«, in: Jahrbuch Mission 1987, Hamburg 1987, S. 27.

aber nicht (und das ist gewissermaßen die Kehrseite der Popmusik-Medaille) in grenzenlose Euphorie verfallen. So bleibt festzuhalten, daß eine musikalisch-kulturell ansprechende Gestalt eine Grundvoraussetzung (aber kein Allheilmittel) gelingender Jugendgottesdienste ist.
Für die weiteren Überlegungen und Vorbereitungen ist es gut, sich nun zuerst die eigene musikalische Prägung bewußt zu machen (und sie zu akzeptieren). »Wir neigen dazu, unsere Art zu leben und zu denken einfach als »normal« hinzunehmen, die Art und Weise unserer Gesellschaft (in der wir aufwuchsen) und ebenso unsere Musik und die sonstigen Künste.«[2] Was hier ganz allgemein über Kunst und Kultur ausgesagt wird, gilt in einer multikulturellen Gesellschaft auch für den Microbereich eines Gemeinwesens und die einzelnen. Bei der Beurteilung uns fremder Musik (und das sind oft auch Formen der Popularmusik) ist es darum hilfreich, zuerst die eigene Musikprägung zu kennen. Mit dieser Gedankenmatrix werden andere Musiken rezipiert! Mit welcher Musik bin ich groß geworden? Welche Vorlieben und Abneigungen stelle ich in bezug auf Musik bei mir fest? Oft wird es so sein, daß die Mitglieder des Vorbereitungsteams hier zu ganz unterschiedlichen Präferenzen kommen. Diese musikalische »Fachkompetenz« kann sich (wird sie ernst genommen) als durchaus positiv für den Gottesdienst herausstellen. Allerdings tritt nicht selten eine geradezu babylonische Sprachverwirrung auf, wenn Jugendliche über ihren bevorzugten Musikstil sprechen. Endlos (und manchmal auch willkürlich) sind die Stile und Spielarten.
Wenn die kulturelle Grundstruktur des jeweiligen Jugendgottesdienstes geklärt ist, kann der Vorbereitungskreis darangehen, sich über die konkrete Umsetzung der Musik Gedanken zu machen.

Das Gestaltungselement oder: wie ich selbst oder andere Musik einsetzen

Ein weit verbreitetes Phänomen bei Jugendgottesdiensten ist das »Sandwichprinzip«: Musik – Text – Musik. Die Lieder werden dadurch zu musikalischen Pausenfüllern zwischen den (eigentlichen) Aussagen. Dabei stellt die erklingende Musik einen nicht unwesentlichen Teil der Verkündigung dar und korrespondiert mit den sonstigen theologischen Aussagen. Klaus Lubkoll fragte in der Auseinandersetzung um Jazzgottesdienste: »Wird nicht eine Theologie, der es um die dialogische Existenz des Menschen geht, auf den Jazz als Ausdrucksform geradezu gestoßen? In ihm geht es um die Span-

2. Reck, David: »Musik der Welt«, Hamburg 1992, S. 3.

nung zwischen dem »beat«, dem Grundschlag, der die zwingenden Gesetze und Ordnungen verkörpert, denen der Mensch unterworfen ist, und dem »off beat«, der Improvisation, die einen Spielraum für den eigenen Lebensausdruck eröffnet.«[3] In ähnlicher Weise könnten wir heute Verbindungen zwischen dem erzählenden Charakter der Hip Hop Musik und der narrativen Theologie herstellen. Denn gerade im Hip Hop werden Liedaussagen in Geschichten »verpackt« und dann in einer Art Sprachgesang rezitiert.
Doch für die Praxis stellt sich zunächst eine Fülle konkreter Überlegungen:

Grundtypen der Lieder

Die christlichen Kirchen erlebten in den letzten dreißig Jahren einen wahren Liederfrühling. Selten wurden so viele neue Lieder geschaffen und publiziert. Was mit »Danke« 1960 begann, hat sich multipliziert und differenziert. Sicherlich gibt es durch diese Entwicklung wohl kaum mehr *das* neue Lied, dafür aber viele neue Lieder. So ist es wohl unumgänglich, sich zuerst einen Überblick über die verbreiteten Grundtypen der Lieder zu verschaffen. Sie verfolgen unterschiedliche Intentionen und werden darum im Gottesdienst an unterschiedlichen Plätzen zu finden sein. Dabei lassen sich grob die folgenden Richtungen unterscheiden, auch wenn die Übergänge immer wieder fließend sind:
Evangelistische Lieder wollen herausfordern, zu Umkehr und Buße auffordern und sind nicht selten ein Ausdruck eigener Glaubenserfahrung. Es sind im Jugendgottesdienst wohl mehr die Vortragslieder, die (ähnlich wie in den barocken Kantaten und Oratorien die Arie) ihren eigenen liturgischen Platz brauchen. »Viel zu rasch sind wir mit Liedern zur Stelle, die mit einer gewissen Wir-Gesinnung im Gottesdienst vorpreschen. Ob nicht, stellvertretend für alle, das Sololied mit zeitgemäßer Sprache ohne christlich gefärbtes Vokabular in der Liturgie seinen Platz erhalten könnte?«[4]
Liturgische und meditative Lieder werden den Hauptanteil der gemeinsam gesungenen Musik des Jugendgottesdienstes darstellen. Eine Fülle moderner Sacro-Pop-Kompositionen von Janssens über Baltruweit bis Schweizer stehen hier zur Verfügung: Kanons, Singsprüche, Gebetsrufe usf.. Daneben die Lieder aus Taizé und zunehmend auch sogenannte »Praisemusic« (moderner Lobpreis etwa von »Jugend mit einer Mission« oder »Asaph« herausgegeben) und andere Gebetslieder.
Sozialengagierte Lieder benennen Ungerechtigkeit, Umweltzerstörung und Unterdrückung und erheben dagegen Protest. Die Riege der Liedermacher/

3. Lubkoll, Klaus: Jugend im Gottesdienst, Gelnhausen 1967, S. 73.
4. Watkinson, Gert in Lubkoll: Jugend im Gottesdienst, Gelnhausen 1967, S. 74.

innen von Gerhard Schöne über Birgit Kley bis Clemens Bittlinger hat sich dieses Genres besonders angenommen. Aber auch durch die thematischen Bezüge der Kirchentage sind hier viele neue Lieder entstanden.
Lieder aus der säkularen Popularmusik stellen (dort wo sie passen) eine Brücke zwischen Gottesdienst und Welt dar. Texte von BAP, den Prinzen oder der Kelly-Family, von U2 oder Eric Clapton, um nur einige wenige zu nennen, werden sich eignen. »Der oft zu hörende Einwand der Kolleginnen und Kollegen, Unheiliges käme hier ins Spiel, ist ganz schnell entkräftet. Denn so wie bei den Sakramenten die Elemente (z. B. Wein und Brot), so wird auch die Musik durch das Wort Gottes geheiligt, denke ich. Durch das ›Im Namen des Vaters‹ werden etwa der ›Nabucco-Chor‹ oder jener Evergreen ›Yesterday‹ von den Beatles gottesdienstfähig.«[5]

Liturgische Orte

Neben den inhaltlich-thematischen Bezügen werden im Jugendgottesdienst die Lieder den verschiedenen »liturgischen Orten« zuzuordnen sein:
Vorspiel: Gerade weil in Jugendgottesdiensten in der Regel andere Musik erklingt als im normalen Sonntagsgottesdienst, hat es sich als hilfreich erwiesen, das Vorspiel auf einen etwa 20minütigen Musikblock zu erweitern. So kann sich die Gottesdienstgemeinde auf den veränderten »Sound« einstellen. Darüberhinaus können neue Lieder schon einmal in lockerer Form vorgestellt werden, ohne daß es zu einer »Übungsstunde für eine erfolgreiche Teilnahme am Gottesdienst« werden muß. Allerdings sollte durch eine deutliche Trennung der Beginn des Gottesdienstes erkennbar bleiben.
Eingangslied »Danke« (M.G. Schneider in EG Nr. 334) im Wechsel mit Strophen von »Nun laßt uns Gott dem Herren« (Nikolaus Selnecker in EG Nr. 320) oder etwa »Gott spannt leise feine Fäden« (Clemens Bittlinger) könnten Stücke sein, die den Gottesdienst eröffnen. Hier sind Lieder gefragt, die das Ankommen erleichtern, die nicht unbekannt sind (um den Eindruck zu verhindern, hier wäre alles neu und unbekannt) und um den »Gesangsmuffeln« die Möglichkeit zu geben, vielleicht nur bei Teilen (wie dem Refain) mitzusingen.
Psalmgebet und andere Bibeltexte: Eine ganze Reihe neuer geistlicher Lieder sind nichts anderes als vertonte Bibeltexte (»Lobe den Herrn, meine Seele« nach Ps 103 von N. Kissel). Sie eignen sich besonders gut, um vorgesehene Psalmen oder Bibeltexte gemeinsam zu singen (oder als Vortragslied zu hö-

5. Meyer-Hofmann, Hans G.: »Zur Verwendung von ›profaner‹ Kasualmusik in der hannoveranischen Landeskirche – Ein Statement« in: »Für den Gottesdienst« Nr. 43 – Juni 1994, S. 46.

ren). Manchmal finden sich auch in der säkularen Popmusik Beispiele, die Bibeltexte beinhalten (»Turn, turn, turn« von den Pretenders beschreibt etwa Koh 3,1-9).
Glaubensbekenntnis: »Es hat sich herausgestellt, daß die Elemente Kollektengebet, Schriftlesung und Glaubensbekenntnis einen großen künstlerischen Freiraum für Text oder Musikmeditationen, sprachlich modern formulierte Gebete, Anspiele, Pantomime oder Liedvorträge lassen. Nicht die ursprünglichen Anliegen der traditionellen liturgischen Elemente, sondern deren sprachlich-inhaltliche Umsetzung sind vielen Menschen heute fremd.«[6]
Gebet : »Gott hört dein Gebet« (Mark Heard) ist eines der neuen Lieder, das Gebet als solches thematisiert. Ansonsten werden hier diverse Kyrie- und Halleluja-Rufe aus Taizé oder den orthodoxen Traditionen ihren Platz haben. Denkbar aber auch »Kyrie« der Popgruppe Mr. Mister, oder kontrapunktisch »Wenn et Bedde sich lohne däät« von BAP.
Abendmahl: »Er ist das Brot, er ist der Wein« (Jochen Schwarz) oder das jamaicanische Volkslied »Kommt mit Gaben und Lobgesang« (Doreen Potter) bieten sich an. Gerade auch durch die Feierabendmahle der Kirchentage ist ein umfangreiches Repertoire für diesen Bereich entstanden.
Sendung: »Geh unter der Gnade« (Siebald) oder »Give peace a chance« (Lennon) sind genauso denkbar wie »Bewahre uns Gott« (Ruuth).
Vor allem wenn eine eingeladene Band im Gottesdienst mitwirkt, ist zu überlegen, ob sie nicht nach einer kurzen Pause noch ein kleines Konzert gibt.
Bei der Liedauswahl ist natürlich auch der Kontext des Kirchenjahres zu bedenken, obwohl er bei Jugendgottesdiensten oft eine untergeordnete Rolle spielt.

Homogene oder uneinheitliche Musikauswahl?

Für die Gottesdienste stehen uns eine Fülle Lieder unterschiedlichster Epochen und Stilrichtungen zur Verfügung. Dort wo es nicht um spartenreine Zielgruppengottesdienste (etwa jugendliche Liebhaber volkstümlicher Musik) geht, stehen die Verantwortlichen vor der Frage einer adäquaten Liedauswahl. Rolf Schweizer meint: »Pfarrer und Kirchenmusiker sollten ohne Unterlaß darauf bedacht sein, diesen Reichtum des evangelischen Liedgutes aus Vergangenheit und Gegenwart durch Einübung der Texte und Melodien den Gemeinden nahezubringen.«[7] Es kommt also auf das richtige Mischungsverhältnis an. Warum sollte es in einem Jugendgottesdienst, der ohnehin unterschiedliche Jugendliche ansprechen will, keinen Choral geben? Genauso

6. Bittlinger, Clemens in: »Pop & Religion«, Hg. von R. Tischer, Stuttgart 1992, S. 220.
7. Dietz, Otto: »Unser Gottesdienst«, München 2. Auflage 1983, S. 126.

können Anbetungslieder neben Sacro Pop stehen und evangelistische Lieder neben Taizégesängen. Störend für einen einheitlichen musikalischen Gesamteindruck des Gottesdienstes wäre es nur, wenn die Orgel den Choral spielen würde, die Band den Rocksong und ein Männerchor das Halleluja aus der orthodoxen russischen Tradition.

Passende Lieder

Neben den thematischen Verzeichnissen in Liederbüchern[8] sind vor allem Tonträger eine gute »Fundstelle«. Die Arbeitsgemeinschaft Musik[9] baut hierzu ein »Schallarchiv« auf, aus dem nach Stichworten passende Titel gesucht werden können. Hier entsteht die derzeit umfangreichste Sammlung deutschsprachiger christlicher Popularmusik.
Eine wichtige »Fundstelle« sind auch die Jugendlichen selbst. Sie kennen die Lieder ihrer Generation und Subkultur und können Verbindungen zu den bekannten Liedern herstellen. So werden die Lieder der Jugendlichen zu einem Thema der Theologie, weil es hier um das geht, was uns unbedingt angeht.
Aber – trotz aller Liederbücher und Tonträger: Manchmal gibt es nicht das richtige, passende Lied. Dann bleibt immer noch als eine reizvolle Alternative, auf eine bestehende Melodie einen neuen Text zu schreiben. Ein Stilmittel, das in unserer Zeit etwas in den Hintergrund getreten ist, in der Musikgeschichte der Kirche aber durchaus wichtig war. Denn damals wie heute gibt es Melodien, die jedermann auf der Straße kennt. Dichter mit wenig Berührungsängsten gegenüber zeitgenössischen Kulturen haben darum immer wieder die »Gassenhauer« ihrer Zeit aufgenommen und christlich verändert. Rolf Schweizer meint wohl zurecht, man bräuchte »nicht davor zurückschrecken, ein Lied durch weitere Strophen für einen bestimmten Anlaß selbst zu *ergänzen* (man kann diese Praxis übrigens auch auf alte Melodien des EKG anwenden).«[10]
Reizvoll ist es sicher auch, neue Texte zusammen mit den Jugendlichen zu erstellen. Ob dabei wie bei Gerhard Schöne ein Choral mit einem aktuellem Text versehen wird, oder wie bei »Morgenlicht leuchtet«[11] aus einem durch Cat Stevens bekannt gemachten Volkslied ein christlicher Popsong entsteht, bleibt egal.

8. Siehe Seite 186f.
9. Adresse: Arbeitsgemeinschaft Musik in der evangelischen Jugend in Deutschland e.V., Dorfstraße 4, 24250 Löptin.
10. Schweizer, Rolf in: Opp, Walter: »Handbuch des krichenmusikalischen Dienstes im Nebenamt«, Berlin, 2. Auflage 1977, S. 40.
11. Evang. Gesangbuch Nr. 455.

Bei einer Umfrage zu Jugendgottesdiensten in Bayern[12] wurden zur musikalischen Gestaltung folgende Prioritäten genannt: 1. Gitarre , 2. Bands , 3. wechselnde Ensembles, 4. Orgel. Wenn wir davon ausgehen, daß die unter 1-3 genannten in der Regel keine ausgebildeten Musiker sind, läßt das auf den durchschnittlichen Standard der musikalischen Präsentation schließen. Es hat sich eingebürgert, die Orgel als wenig geeignet für Jugendgottesdienste zu betrachten. Dafür hat man (was zu begrüßen ist) neue Instrumente in den Gottesdienst eingeführt. Leider wurden dabei oft gleichzeitig die ausgebildeten Kirchenmusiker/innen von der musikalischen Gestaltung ausgeschlossen bzw. haben sich in nicht geringen Teilen selbst ausgeschlossen. So ist bis heute bei der Vorbereitung von Jugendgottesdiensten zu fragen: durch wen (und damit: auf welche Weise) wird die Musik abgedeckt?
Dazu bieten sich verschiedene Varianten an:
Einladung einer Musikgruppe (Band/Liedermacher/Chor): Bei vielen Jugendgottesdiensten wird zur musikalischen Gestaltung eine Gruppe eingeladen. Viele Bands, Chöre oder Liedermacher bieten hierzu ihre Dienste an. In Gruppenverzeichnissen wie »DATA life MUSIK«[13] stellen sie sich vor. Allerdings sind nur wenige auf den Gottesdienstbereich wirklich spezialisiert. Darum empfiehlt sich immer, zuerst eine Demokassette der Gruppe zu hören, sie dann einzuladen und auch in den Vorbereitungsprozeß mit zu integrieren! Mindestens einmal vor dem Gottesdienst sollten sich das Team und die MusikerInnen treffen. Genau zu klären sind neben den inhaltlichen Aspekten (Liedauswahl) auch die organisatorischen Fragen zum Einsatz einer Musikgruppe im Gottesdienst. Die Aufbauzeiten der Technik müssen berücksichtigt werden und dürfen nicht zu knapp kalkuliert sein. Im Winter ist die Frage der Heizung der Kirche wichtig. Auch sollte die Gruppe genau mit den örtlichen akustischen Gegebenheiten vertraut gemacht werden, um böse Überraschungen hinsichtlich der Lautstärke und Sprachverständlichkeit zu vermeiden.
Gründung einer eigenen Ansinggruppe/Band: Dort wo es regelmäßig Jugendgottesdienste gibt, bietet sich der Aufbau eines eigenen Musikteams an. Dabei muß die Besetzung nicht unbedingt einer klassischen Combo (Gitarre/Baß/Schlagzeug/Keyboard) entsprechen. Hilfreich ist es, wenn

12. Amt für Jugendarbeit der Evang.-Luth. Kirche in Bayern, 1995.
13. DATA life MUSIK, herausgegeben von der Arbeitsgemeinschaft Musik in der evangelischen Jugend e.V.. Bundesweit werden Musikgruppen für den kirchlichen Bereich vorgestellt. Mit einer beigefügten Datendiskette können sie nach Suchkategorien leicht gefunden werden. Die umfassendste Sammlung dieser Art in Deutschland. Zu beziehen bei: Trialog-Verlag, Allenbostel 39, 29582 Hanstedt.

die Kirchengemeinde dann für eine ordentliche Beschallungsanlage sorgt (die oft installierten Sprachverstärkungsanlagen sind dafür nicht geeignet). In der Regel gibt es überall Jugendliche, die sich gerne mit ihren Instrumenten in den Gottesdienst einbringen. Von ihnen darf dann allerdings keine musikalische »Beschneidung« gefordert werden. Sie müssen die Musik machen dürfen, die ihnen entspricht. Dort, wo das nicht so einfach zu realisieren ist, kann man zusätzlich noch auf die Fachkompetenz von Kirchenmusiker/innen oder örtlichen Musiklehrer/innen bzw. auf popmusikalische Beratungsstellen, die es in fast allen Landeskirchen gibt, zurückgreifen.

Einsatz von Gemeindegitarristen: Gegenüber der Musikgruppe haben Gemeindegitarristen den Vorteil, daß er/sie bedeutend flexibler sind. Spätestens seit der Herausgabe von Gesangbüchern mit Harmoniebezeichnungen und dem »Gitarrenbegleitbuch zum EG«[14] ist auch ein einzelner Gitarrist in der Lage, einen Gottesdienst musikalisch ansprechend zu begleiten. Hier lohnt es sich für Gemeinden langfristig, in die Aus- und Weiterbildung dieser MitarbeiterInnen zu investieren.

Einsatz von Orgel und/oder Posaunenchor: Selbstverständlich ist auch der Einsatz von Orgel und Posaunenchor im Jugendgottesdienst denkbar. Gerade junge BläserInnen engagieren sich gern (mitunter auch mit neuen geistlichen Liedern) bei Jugendgottesdiensten. Denkbar ist auch der alternierende Einsatz mit Gitarre oder Band. In jüngster Zeit gibt es auch Bestrebungen, durch die Herausgabe ansprechender Arrangements das Zusammenspiel von Posaunenchor und Band zu fördern.[15]

Einsatz von Tonträgern: Bekannte Popsongs bieten (wie bereits beschrieben) einen hohen Wiedererkennungswert bei Jugendlichen und vermitteln nicht wenigen von ihnen das Gefühl der Beheimatung. So bietet sich der inhaltlich unterstützende Einsatz dieses Mediums vor allem im Bereich der Predigt an. Zu denken wäre aber auch an weniger bekannte christliche Interpretationen auf Tonträgern. Doch ist dann der Gottesdienst so zu planen, daß es nicht zu einer überflüssigen »Qualitätskonkurrenz« zwischen Tonträger und Livemusik kommt.

Das gemeinsame Singen im Gottesdienst bedarf darüber hinaus der besonderen Betrachtung, weil es erstens einer der ganz wenigen Orte in unserer Gesellschaft ist, an denen noch in der Öffentlichkeit regelmäßig gesungen wird und es zweitens einen der ganz wesentlichen Punkte der Mitbeteiligung darstellt.

14. »Gitarrenbegleitbuch zum EG«, herausgegeben im Auftrag der Evangelischen Kirche in Deutschland, 2 Bände, Strube-Verlag, München 1995.
15. Unter dem Titel »Swing and brass« gibt es dazu etwa eine Notenedition beim CVJM-Gesamtverband in Kassel.

Dabei ist besonders auf folgende Teilbereiche zu achten:

Leitung des gemeinsamen Singens: Ganz egal welche Variante der Musikgestaltung gewählt wird, eine Person sollte die Leitung des gemeinsamen Singens haben.

Liedblatt: Auch wenn ökologische Gründe dagegensprechen, so sind doch organisatorische und vor allem rechtliche Gründe für das Liedblatt ausschlaggebend. Die Verwendung von Liedblättern im Gottesdienst ist durch Rahmenverträge der EKD mit der GEMA rechtlich abgeklärt, was bei Folien nicht der Fall ist. So empfiehlt es sich, für jeden Gottesdienst ein Liedblatt mit allen Liedern (mit Noten) und dem groben Ablauf herzustellen. Das erleichtert auch seltenen GottesdienstbesucherInnen die Orientierung.

Hinweise zum Einstudieren neuer Lieder: Die Schnellebigkeit unserer Zeit macht natürlich auch vor dem Jugendgottesdienst nicht halt. Darum werden immer neue Lieder mit dabeisein müssen, um nicht dem Vorurteil des Althergebrachten und immer Gleichen zu erliegen. Daraus ergibt sich zwingend die Notwendigkeit, neue Lieder im Gottesdienst einzuüben.«Die landläufige Meinung, daß jene Lieder die besten seien, die sich *ohne* Einführung und Einstudierung in der Gemeinde – gleichsam als ›Ohrwürmer‹ – mitteilen, hält einer eingehenden Betrachtung nicht stand! Denn zumeist sind diese Lieder nicht wirklich neu, sondern sie verwenden abgegriffene Melodie- und Textformulierungen, die sich durch ihr »Schon-Dagewesensein« schnell einprägen.«[16] Das Einüben sollte sich nicht auf ein schulmeisterliches Vor- und Nachsingen beschränken. Auch genügt es nicht, lediglich einmal ein Lied vorzusingen und dann anzunehmen, alle könnten mitsingen. Gut ist es, wenn das Stück in sinnvolle Einheiten aufgeteilt wird. Dazwischen könnten auch Informationen über den Charakter des Stückes, dessen Herkunft usf. einfließen. Männer- und Frauenstimmen können sich abwechseln. Ebenso ist eine räumliche Aufteilung denkbar (rechtes und linkes Kirchenschiff).

Darüber hinaus gilt:

- Nie mit abwertenden Bemerkungen auf den Gemeindegesang reagieren.
- Falsch übernommene Phrasen oder Stellen einfach einmal gesondert vorsingen und einüben.
- Bei Popsongs ist oft auch das rhythmische Grundgefühl für das Lied ganz entscheidend. Das könnten ja erst einmal alle klatschen, während die Ansinggruppe nochmal das Lied singt.

Und wenn das alles noch mit einer Prise Humor versehen wird, kann fast nichts mehr schiefgehen.

16. Schweizer, Rolf: Neue geistliche Lieder in der Praxis des kirchenmusikalischen Dienstes. In: Opp: Handbuch des kirchenmusikalischen Dienstes im Nebenamt. Berlin 1977², S. 41.

Bewegungen, Gebärden, Klatschen: Rhythmische Lieder brauchen auch einen motorischen Ausdruck: Schnell klatschen alle im Takt mit. Die einen auf die erste und dritte Zähleinheit, die anderen auf die zweite und vierte, und weil es so »grooved«, liegen wieder andere irgendwo dazwischen. Manchmal ist es gerade bei neuen Liedern nötig, diese Lust etwas zu dämpfen, um zuerst das Lied zu lernen. Dann aber können Gebärden, Bewegungen und Klatschen durchaus dazukommen. Ein unaufdringliches »Vorbild« durch die Musikgruppe wird sich sicherlich bald positiv auswirken.
Auf die Texte aufmerksam machen: Der Sinngehalt der Texte in der säkularen Popmusik spielt im Gegensatz zur gottesdienstlichen Musik eine eher untergeordnete Rolle. Jugendliche besuchen mit dieser Prägung der Hörgewohnheit die Gottesdienste. So sollte durchaus auch immer wieder auf die gesungenen Texte Bezug genommen werden. Nur weil ich einen Text gesungen habe, habe ich mich noch lange nicht mit dem Sinngehalt der Aussage beschäftigt.

Checkliste – Musik im Gottesdienst

Zusammenfassend sollen hier noch einmal die wesentlichen Punkte benannt werden, die es bei der musikalischen Gestaltung von Jugendgottesdiensten zu bedenken gilt:

- Welche eigene Prägung haben die Mitglieder des Teams?
- Welche kulturelle Gestalt soll der Gottesdienst durch die Musik bekommen?
- Können wir aus eigenen Kräften diese Gestalt erreichen oder brauchen wir dazu die Hilfe anderer?
- Welche Grundtypen aus Liedern brauchen wir?
- An welchen liturgischen Orten soll Musik erklingen?
- An welchen Orten soll gemeinsam gesungen werden?
- Welche Sachzwänge ergeben sich aus den Grundentscheidungen? Platz, zeitlicher Vorlauf, Akustik, ...
- Wie wird die Liedauswahl organisiert und an den Kreis der Gottesdienstverantwortlichen rückgebunden?
- Wie gehen wir mit den neuen Liedern um? Wo bzw. wie werden sie einstudiert?

Friedrich Rössner

Gestaltung und Wirkung

Der Raum

Vor kurzem sagte mir jemand nach einem Feierabendmahl, die Atmosphäre wäre deshalb so gut gewesen, weil die Beteiligten authentisch waren, es war nichts Aufgesetztes, die Gefühle und das, was gesagt wurde, waren echt! Die Musik und die Bilder waren auf das Gesagte abgestimmt. Das Ganze war eine runde Sache und so konnte es auch von den Teilnehmenden angenommen werden. Ein Gottesdienst lebt von dieser Authentizität, von dieser Stimmigkeit der verschiedenen Elemente. Dazu gehört nicht nur die Sprache oder die Musik, sondern auch die oben erwähnte liturgische Kompetenz und die Spiritualität, die entscheidend durch den Raum und die Raumgestaltung beeinflußt werden.

Ein Kirchenraum an sich lebt von seiner Ausstrahlung, von bunten Fenstern, besonderen Lichteffekten, je nachdem wie das Licht durch die Fenster einstrahlt, von Gerüchen, wie Kerzenduft oder altem Holz, Altarbildern und Kreuzen im Kirchenschiff oder auf dem Altar. Blumen, die auf dem Altar stehen, und vielem mehr. Es sind Punkte, auf denen das Auge verweilen kann, während man dem Gesagten zuhört. Fokussierungspunkte, die einem die Meditation erleichtern oder die einen auch einmal abschweifen lassen.

Die Raumgestaltung beeinflußt den Gottesdienst nicht unwesentlich.

Schaut man sich Kirchengebäude aus verschiedenen Jahrhunderten an, so ist festzustellen, daß sich die Architektur immer dann veränderte, wenn sich das Verständnis von Gottesdienst und Liturgie änderte. Die Architektur, die Struktur und Gestaltung eines Kirchenraumes war und ist abhängig von ihrer Nutzung und den jeweiligen theologischen Auffassungen.

Natürlich kann man architektonisch an einer Kirche nichts für einen speziellen Gottesdienst ändern, und es gibt nur wenige Kirchengebäude, die flexibel gestaltbar sind, z. B. durch Stühle statt fester Bankreihen oder Veränderbarkeit von Wänden (Raumvergrößerung bzw. -verkleinerung), die eine freiere Raumgestaltung möglich macht, wie das bei manchen modernen Kirchen der Fall ist.

Es wurde schon darauf hingewiesen (s. S. 21), daß der für den Jugendgottesdienst benutzte Raum für den Gottesdienst geeignet sein muß. Deshalb sollte man sich die Frage stellen, feiert man den Jugendgottesdienst in der Kirche oder lieber im Gemeindehaus, weil der Raum dort besser für den Gottesdienst gestaltet werden kann.

Für den Ort der Kirche spricht sicherlich, daß Kirchenräume meist eine ganz besondere Ausstrahlung haben, ohne daß man das Warum genau benennen könnte. Der Raum an sich hat eine eigene Spiritualität.

Jugendliche suchen solche Orte, die »etwas« ausstrahlen, die »Heimat« vermitteln, wo das »Ich« einen Ruheplatz finden kann, bzw. zur Ruhe kommen kann, zu einer inneren Sammlung. Heiner Barz spricht in diesem Zusammenhang von auratischen Orten, von Orten »... des heimatlichen Geborgenheitserlebnisses ...«[1] und er stellt in der Studie: »Jugend und Religion« fest, daß für Jugendliche bei »aller Abwendung von der traditionellen Religion zum Trotz« Kirchen »offenbar noch immer eine Spitzenposition im Blick auf affektiv stark besetzte Orte« belegen. »Allenfalls die Überreste verflossener Kulturen und die Begegnung mit Naturphänomenen weisen eine annähernd intensive Anmutungsqualität auf.«[2]

Kirchen sind Orte mit einer besonderen Ausstrahlung. Findet der Jugendgottesdienst nicht im Kirchenraum, sondern im Gemeindehaus, im Jugendraum oder im Freien statt, gilt es, eine Atmosphäre zu schaffen, in der dieses besondere Flair entstehen kann.

Übrigens haben häufig gerade geistig behinderte Jugendliche ein ganz feines Gespür für liturgische Räume.

Eine spirituelle Heimat kann z. B. dann entstehen, wenn der Gottesdienst etwas mit den einzelnen zu tun hat, wenn ich mich als Person angesprochen fühle und wenn ich mich in einem Raum wohlfühlen kann. Sie kann entstehen, wenn nicht nur der eigentliche Gottesdienst in der Kirche stattfindet, sondern auch das anschließende Beisammensein, z. B. bei Jugendfestivals oder Nachtkirchen, bei denen die gesamte Nacht in der Kirche verbracht wird und wo eventuell auch in der Kirche in Schlafsäcken übernachtet wird.[3] Oft ist es doch so, daß wir strikt trennen vom gottesdienstlichen Geschehen und dem Leben draußen; nur wenn eine Verbindung hergestellt werden kann, wenn das Gesagte und Getane mit meinem eigentlichen Leben mit meinem Alltag in Berührung kommt, wird es mit Leben angefüllt und gewinnt an Bedeutung.

1. Barz, Heiner, S. 58. In: Postmoderne Religion, Jugend und Religion 2, Oppladen 1992. S. auch S. 31.
2. Dto.
3. Erlebt habe ich dies in meiner früheren Kindergottesdienstarbeit. In dieser Gemeinde fand der Kindergottesdienst immer freitags von 16.00 – 17.00 Uhr statt, der Gottesdienst dauerte jedoch selten so lange. Weil viele Kinder von ihren Eltern abgeholt wurden, verbrachten wir die verbleibende Zeit mit Spielen oder Versteckspielen in der Kirche. Genauso, wie die Kinder inhaltlich während des Gottesdienstes bei der Sache waren, liebten sie diesen spielerischen Umgang mit dem Kirchenraum. Sie nahmen ihn für sich in Besitz und kamen so zu einem natürlichen, selbstverständlichen Umgang mit Kirche, mit ihrer Spiritualität und mit ihrer Lebendigkeit.

Liturgisches Konzept und Raum

Nicht unerheblich für die Raumgestaltung ist das Konzept, der Ablauf des Jugendgottesdienstes. Ist er als one-way Kommunikation geplant, oder soll ein Dialog entstehen zwischen den SprecherInnen und den ZuhörerInnen? Viel zu oft bieten Kirchen auch heute noch durch ihr Setting nur die Einwegkommunikation, z. B. durch die starre Bestuhlung, die Entfernung des Lesepultes oder der Kanzel, die über der Gemeinde schwebt. Aber man muß sie ja nicht benutzen. Vor allem, wenn viel Platz ist, zwischen der ersten Bankreihe und z. B. den Altarstufen, kann man diesen Raum ja auch z. B. mit Sitzkissen auffüllen, um so die Distanz zu den ZuhörerInnen zu verringern. Bei großen Kirchen bietet der vorgegebene Raum z. B. die Möglichkeit, mit verschiedenen Stationen zu arbeiten, sich gewissermaßen mit der Liturgie auf den Weg zu begeben. So kann man am Eingang einer Kirche beginnen und erst zum Abendmahl im Altarraum ankommen. Das mag ein wenig unkonventionell sein, aber warum nicht den vorhandenen Raum zu seinen Gunsten nutzen und ihn kreativ in den Gottesdienstablauf mit einbeziehen? (Siehe Thomasmesse, bei der gleichzeitig verschiedene Möglichkeiten an unterschiedlichen Orten angeboten werden, s. S. 93 und das Gottesdienstbeispiel »Alles was Liebe ist«, S. 107).

Altar oder die Mitte

Altäre hat es nicht erst in christlichen Kirchen gegeben sondern bereits in den Hauskirchen in den ersten Jahrhunderten der Christenheit. Es war der Tisch, an dem das heilige Abendmahl gefeiert wurde. Auch die biblischen Texte sprechen von einem Tisch, wenn wir an einen Altar denken. Kreuze, Blumen und Kerzen kamen erst im Laufe der Jahrhunderte auf die Altäre.

Ein Gottesdienst braucht kein besonderes architektonisches Setting an sich, da er im Zentrum kein Kultobjekt hat, er braucht nicht notwendigerweise ein riesiges liturgisches Möbel, wie etwa einen Steinaltar. Ein Gottesdienst kann ebenso in einem Wohnzimmer, Jugendraum oder im Freien gefeiert werden. So muß ein Altar auch nicht vorne im Kirchenschiff oder im sonstigen Gottesdienstraum stehen. Er kann z. B. auch in die Mitte gestellt werden.

Vielleicht sind es auch nur ein paar Kerzen, ein Blumenstrauß und ein Kreuz in der Mitte auf dem Boden auf einem bunten Tuch, um einen Fokussierungspunkt herzustellen. Dort kann auch eine Bibel liegen und/oder ein Symbol oder Gegenstand[4], der das Thema des Gottesdienstes aufgreift, wie z. B. eine Wasserschale, wenn eine Tauferinnerung im Gottesdienst vorkommen

4. Z. B. wie benannt im Beispiel des Caring Community Gottesdienstes S. 97.

soll. Allerdings sollte man nicht mit zu vielen verschiedenen Dingen arbeiten. Zu viele Symbole wirken eher verwirrend, als daß sie konzentrationsfördernd sind. Oder es kann ein festlich gedeckter Tisch sein, z. B. bei einer Freizeit, wenn ein gemeinsames Feierabendmal mit anschließendem Essen gefeiert werden soll.
Auch hier ist es wichtig, genau im Blick zu haben, was geplant ist. Wie soll der liturgische Ablauf sein? Welche Gegenstände sind notwendig, damit die Gestaltung den Ablauf, das Gesagte und Getane, unterstützt?
Die »Mitte« muß nicht notwendigerweise eine räumliche Mitte sein. Sitzt man in einem Kreis, ist das natürlich sinnvoll, aber die Sitzordnung könnte auch in einer U-Form geschehen, und dann wäre die »Mitte« an der offenen Seite. Eine Kreisform bietet Geborgenheit, Vertrautheit, Zusammengehörigkeit, aber sie ist auch etwas Abgeschlossenes. Eine U-Form hat immer noch etwas von der Geborgenheit des Kreises, aber sie ist auch offen, offen für Menschen, die noch dazukommen können, offen für Dinge, die von außen einströmen. Es ist keine abgeschlossene Sache wie ein Kreis.

Raumgestaltung

Die künstlerische Ausgestaltung eines Gottesdienstraumes kann mit vielerlei Mitteln geschehen, mit einem oder mehreren Bildern oder auch nur einem (z. B. Kreuzwegbilder, Plakate oder auch selbstgestaltete Bilder oder Transparente), welche das Thema des Gottesdienstes aufgreifen. Auch bunte Tücher, Kerzen, Blumen, oder Symbolen tragen zur Gestaltung bei, wobei weniger oft mehr ist.
Als äußerst praktisch hat sich in meiner Praxis eine große Kiste mit bunten Bettlaken erwiesen, die immer wieder und zu unterschiedlichen Zwecken eingesetzt werden können. So können Kirchenräume z. B. verkleinert werden durch Abhängen eines Teiles. Oder durch das Einsetzen von Tüchern einer Farbe kann eine gewisse Grundstimmung erzeugt werden.
Ich möchte dies anhand der Ostertage der Evang. Jugend München illustrieren, die wir seit 1990 veranstalten. Sie beginnen Gründonnerstag und enden am Ostersonntag morgen. Eine genauere Beschreibung der Osternacht findet sich auf S. 21, hier nur eine Beschreibung der Raumgestaltung.

Raumgestaltung einer Osternacht

Die Ostertage beginnen am Gründonnerstagabend mit einem gemeinsamen Feierabendmahl in einem festlich geschmückten Raum, eine Ecke des Raumes ist mit bunten Tüchern geschmückt, es gibt viele Kerzen und ein Taizé-

kreuz. Abgeschlossen wird der Abend mit einem sogenannten Ölberggang im Freien. Davor wird der Raum noch abdekoriert, für Karfreitag werden die bunten Tücher gegen schwarze und graue ausgetauscht, die Kerzen werden auf eine reduziert, die Blumen weggestellt. Außerdem wird ein großes Holzkreuz, sehr einfach aus zwei alten Brettern gefertigt, vor den dunklen Tüchern aufgestellt, dem beim Kreuzweg noch ein rotes Tuch umgehängt wird.
Alle Elemente des Karfreitags, angefangen mit den Stundengebeten in der Nacht bis hin zum Kreuzweg, soweit er nicht im Freien stattfindet, finden nun in diesem karg dekorierten Raum statt, der so das Alleinsein, den Tod, das Unverstehen ausdrückt. Für die Osternacht wird schließlich alles wieder festlich gestaltet, unterstützt durch die bunten Tücher, viele Kerzen, Blumen und Bilder, die während der Tage entstanden sind. Das rote Tuch am Kreuz wird durch ein weißes ausgetauscht.
Ohne diese Einbeziehung der Raumgestaltung würde im Ablauf, in der Gesamtliturgie, in der Spiritualität dieser Tage viel fehlen. Diese Sinnerfahrung, dieses ganz bewußte Einsetzen von gestalterischen Elementen, unterstützt das Wort und trägt ganz entscheidend zur Spiritualität bei.

Der Ostergarten, ein liturgisches Element der Raumgestaltung

Als zweites Beispiel für ein künstlerisch gestaltetes liturgisches Element möchte ich den Ostergarten (s. Abbildung S. 118) anführen, der in Deutschland eher unbekannt ist, jedoch in der anglikanischen Tradition sehr beheimatet ist. Wir alle kennen die Weihnachtskrippen, und in dieser Größenordnung kann man sich auch den Ostergarten vorstellen. Er wird gebaut mit Steinen und Moos (soweit diese nicht noch im Schnee versteckt sind). Ein kleiner Hügel wird aufgebaut, in dem sich eine Grabkammer befindet, in die mindestens ein Teelicht passen sollte. Davor ein Stein, darauf drei kleine Holzkreuze. Alle weitere Gestaltung ist der Kreativität der Erbauer überlassen. Während der Liturgie der Osternacht wird der Stein »weggerollt« und die Kerze im Grab angezündet.
Künstlerische Elemente müssen ebenso wie Symbole mit der Liturgie und dem Inhalt im Einklang stehen, sie sollen unterstützend wirken und nicht aufgesetzt. Nur so kann aus dem Zusammenspiel aller Elemente eine Gesamtspiritualität entstehen.

Christine Tröger

Rückblick und Ausblick

Gemeinsamer Weg

Jugendgottesdienst miteinander vorzubereiten und zu feiern bedeutet, einen Weg miteinander zu gehen. In der Verbindung aller einzelnen Schritte wirkt der Gottesdienst als Ganzheit. Er gelingt, wenn inhaltliche Gestaltung und Organisation aufeinander bezogen sind. Die liebevolle und gründliche Vorbereitung wird von den GottesdienstbesucherInnen wahrgenommen. Der Gottesdienst wirkt dann besonders *dicht*.
Ein Jugendgottesdienst muß kein »Happening« sein. Im Gegenteil: gerade die schlichten Elemente wirken intensiv, aber auch da ist eine gute Vorbereitung entscheidend.
Natürlich ist es mühsam, alles gleichzeitig im Blick zu haben. Das Bild der Merkzettel, die alle zusammengehören und berücksichtigt werden wollen, versucht das zu verdeutlichen (s. S. 15). Die einzelnen Aspekte werden je nach Situation eine unterschiedliche Gewichtung erhalten. Aber bedacht werden sollten sie alle; denn das Zusammenspiel ist wichtig.
Voraussetzung für einen lebendigen Gottesdienst ist vor allem ein lebendiges Vorbereitungsteam.
Gut ist es, wenn jemand die Arbeit des Vorbereitungsteams koordiniert. Das muß nicht immer dieselbe Person sein, sonst entwickeln sich rasch Abhängigkeiten.
Bei der Durchführung des Gottesdienstes bewährt es sich, jemandem die Moderation zu übertragen, so daß eine Art »roter Faden« im Gottesdienst sichtbar wird. Das muß nicht der/die PfarrerIn sein. Es besteht gerade eine Chance darin, daß es auch jemand anderes sein kann.
Der gemeinsame Weg der Gottesdienstvorbereitung und -gestaltung ist spannend, manchmal mühsam, oft zeitaufwendig, aber immer lohnend.
Die Feier des Gottesdienstes ist der Höhepunkt, aber nicht der Abschluß des gesamten Prozesses.
Es tut gut, noch einmal zurückzublicken, ob Vorbereitung und Ablauf von allen Beteiligten als stimmig erlebt wurden. Eine kurze Bilanz: Was ist gut gelaufen? Was ist nicht so gelungen? – hilft bei der zukünftigen Planung von Jugendgottesdiensten. Während dieses Rückblicks können die Punkte aufgelistet werden, die beim nächsten Mal besonders zu beachten sind.
Dabei sind nicht nur die Rückmeldungen der Beteiligten einzubeziehen, sondern auch die Eindrücke der GottesdienstbesucherInnen. Nach dem Gottes-

dienst miteinander ins Gespräch zu kommen und ein paar Feedbacks zu sammeln, bringt immer wieder überraschende, neue Einsichten. Aber auch die Bestätigung der eigenen Wahrnehmungen tut durchaus gut ...
Ein solcher Rückblick bietet auch Gelegenheit, die eigene Arbeit zu feiern. Anerkennung und Dank für diejenigen, die mitgemacht haben, bilden den eigentlichen Abschluß. Die Freude daran, gemeinsam das gesteckte Ziel erreicht zu haben, ist eine gute Grundlage dafür, daß es bald einmal wieder einen Jugendgottesdienst geben wird.

Vernetzung in der Gemeinde

Ob eine lebendige Jugendgottesdienst-Kultur entstehen kann, hängt vom Selbstverständnis der jeweiligen Gemeinde und von ihrer Gottesdienst-Kultur insgesamt ab. Der Grundsatz, der sich entscheidend im gesamten Planungs- und Gestaltungsprozeß auswirkt, ist die Beteiligung von möglichst vielen Personen zusätzlich zu den »von Amtes wegen« Tätigen. Wenn die Beteiligung möglichst vieler Gemeindeglieder auch in anderen Bereichen selbstverständlich ist, wird es die Jugendgottesdienstarbeit leichter haben als in Gemeinden, wo dies nicht der Fall ist.
Entscheidend ist außerdem, ob im Rahmen der jeweiligen Gemeindekonzeption alle Generationen ihren Platz haben. Die Möglichkeit, Jugendgottesdienst zu feiern, genügt meistens auf längere Sicht nicht, um Jugendliche in einer Gemeinde zu beheimaten. Sie wollen wahrgenommen und ernst genommen werden und auch in Entscheidungen, die sie betreffen, einbezogen sein.
Eine Jugendgottesdienst-Kultur wird zu Anfang bezogen auf eine oder einige wenige Personen wachsen. Ab einem bestimmten Zeitpunkt ist es notwendig, Verantwortung zu delegieren bzw. an möglichst viele abzugeben, damit Jugendgottesdienst nicht personenabhängig bleibt. Nur so kann die Jugendgottesdienst-Kultur fester Bestandteil der Gemeindearbeit werden.
Unbestritten ist, daß Jugendliche Räume, Nischen, auch Gottesdienste für sich alleine brauchen. Da müssen sie dann keine Rücksicht auf die Vorstellung älterer Gemeindeglieder nehmen, können ihre Sprache sprechen, ihre Ausdrucksmöglichkeiten leben und ihre Musik einbringen.
Aber Jugendgottesdienst braucht immer wieder auch die Ein- und Rückbindung in den sonntäglichen Gottesdienst und in die Gemeindearbeit, um sich nicht zu verselbständigen. Jugendgottesdienst sollte immer wieder alle Ge-

meindeglieder einladen oder am Sonntagmorgen bewußt Gottesdienstfeier für alle sein. Ereignisse wie ein Gemeindefest oder besondere Gedenktage (z. B. der Buß- und Bettag) bieten sich für solche Gottesdienste besonders an.
Bei allen Überlegungen, die mit der Gemeindekonzeption zusammenhängen, kommt es auf das Zusammenspiel zwischen PfarrerIn und Gemeinde (besonders dem Kirchenvorstand/Presbyterium) an. Die Arbeit mit Jugendlichen setzt voraus, daß PfarrerInnen sich von einem hierarchischen Verständnis lösen, Jugendliche (und nicht nur sie!) als ebenbürtige PartnerInnen ansehen und ihnen etwas zutrauen.
Es geht darum, (ehrenamtliche) MitarbeiterInnen zu gewinnen, zu begleiten und zu fördern, die sich das Anliegen des Jugendgottesdienstes zu eigen machen. Sie entwickeln im Laufe der Zeit Selbstbewußtsein und erhalten ihren Platz in der Gemeindearbeit, speziell in der Gottesdienstvorbereitung und -gestaltung.
Oft kommt den PfarrerInnen und anderen Hauptamtlichen die Rolle der Vermittlung zu Gruppierungen in der Gemeinde zu, die an bestimmten Verhaltensweisen Jugendlicher und ihren Ausdrucksformen Anstoß nehmen oder die u. a. weiterhin fordern, die Jugendlichen hätten regelmäßig im Sonntagmorgengottesdienst traditioneller Art still zu sitzen. Hier geht es darum, um Verständnis zu werben und manchmal auch deutlich Partei zu ergreifen und Position zu beziehen. Sonst sind die Jugendlichen schnell demotiviert und fühlen sich alleine gelassen.
Jugendgottesdienste lassen sich öffnen, wenn sie mit bestimmten Aktivitäten (z. B. Eine-Welt-Gruppe/-Verkauf), Projekten (z. B. Renovierung des Gottesdienst-Raumes) und besonderen Ereignissen (z. B. Gemeindefest) verknüpft sind. Jugendliche nehmen dann Zusammenhänge über den Gottesdienst hinaus wahr, lernen andere, z. B. andere Generationen, schätzen und merken, daß der Inhalt des Gottesdienstes konkret etwas mit dem Alltag der Welt, zumindest mit dem Alltag der Gemeinde zu tun hat. In solchen Zusammenhängen können sie sich aber auch selbst von der gesamten Gemeinde als wertgeschätzt erleben.
Jugendgottesdienst feiern über die Gemeindegrenzen hinaus trägt ebenfalls zur Öffnung bei. Das können Nachbargemeinden sein, Partnergemeinden aus anderen Regionen und Ländern oder – last not least – ökumenisch gestaltete Gottesdienste. Hier gibt es eine große Fülle an Traditionen. Die situativ gebildeten Vorbereitungsgruppen machen es möglich, sich wechselseitig kennenzulernen und so manches neue Vorhaben gemeinsam für die Zukunft zu planen. Besonders sei hier auf den ökumenischen Jugend-Kreuzweg verwiesen, für den jedes Jahr Vorbereitungsmaterialien von BDKJ und der aej[1] erarbeitet werden, die aber auch noch viel eigene Gestaltungsspielräume zulassen.

1. Die Materialien können am Anfang eines jeden Jahres bei BDKJ und aej bestellt werden.

Jugendverbände haben andere Möglichkeiten, eine eigene Jugendgottesdienstkultur zu entwickeln. Wünschenswert ist, daß sie sich öffnen gegenüber den Kirchengemeinden, in die sie eingebunden sind. Dies gilt auch umgekehrt für die Kirchengemeinden gegenüber den Verbänden.
Der Weg zum Jugendgottesdienst ist angefüllt mit Möglichkeiten, viele gute Erfahrungen zu machen. Über die Vorbereitung und Durchführung hinaus gibt es vielfältige Stationen, die miteinander auf dem gemeinsamen Weg gestaltet werden können. So manches Erlebnis bleibt prägend für die Haltung gegenüber Glauben, Gottesdienst und Kirche.

Mechthild Bangert

Gottesdienst-Modelle

Die offene Phase der Thomasmesse

Vorbemerkungen[1]

Die Thomasmesse wurde in Finnland erstmals gefeiert und speziell für die Zielgruppe der mittleren Generation im großstädtischen Raum entwickelt. Sie geht aus von dem Grundsatz: Nur der Gottesdienst, der mir guttut, kann auch anderen guttun.

Die Thomasmesse möchte nicht nur einen bestimmten Typus ansprechen. Sie ist ein Versuch, auf die beiden unterschiedlichen Grundtypen der Menschen einzugehen: Einerseits die eher »Extrovertierten«, die Nähe und Kontakt suchen, die aus sich herausgehen und Gemeinschaft erleben wollen. Andererseits die »Introvertierten«, die eher die Stille und die Distanz suchen. Für sie ist die Ruhe der Weg zum Verarbeiten, Regenerieren und »Auftanken«.

Die unterschiedlichen Bedürfnisse stehen nach diesem Konzept gleichberechtigt nebeneinander. Beide Menschentypen sollen in der Thomasmesse ohne Bewertung berücksichtigt werden: Die Gegenteile werden in *einen* Gottesdienst mit hineingenommen, zugelassen und angenommen. Die Grundmuster sind dabei Ruhe, Meditation, Sinnlichkeit, Nachdenken, Hören, einfach das ›SEIN-Dürfen‹ ebenso wie der Kontakt, die Gemeinschaft, die Spontanietät, die Festfreude und das Aktivsein. Die zwei Grundbedürfnisse ›Passivität und Aktivität‹ finden so ihre Achtung. Dabei ist es natürlich unumgänglich, daß diese beiden Bedürfnisse zu verschiedenen Zeiten und Anlässen unterschiedlich gewichtet sind.

Grundgedanke der Thomasmesse ist die Öffnung des Menschen durch den geschaffenen Rahmen, in dem der Geist Gottes wirksam werden kann und die Messe zu einem Geschenk und einer Begegnung Gottes mit den Menschen wird: Nicht der Mensch kommt zu Gott, sondern Gott kommt zu den Menschen. Wir Menschen laden ihn dazu ein.

1. Eine ausführliche Darstellung der Thomasmesse würde an dieser Stelle zu weit führen. Hier soll in der Hauptsache die ›offene Phase‹ dargestellt werden, die viele Anregungen für einen Jugendgottesdienst bieten kann. Literatur zur Thomasmesse: Thiesen, S./Gripentrog, H., Thomasmesse. Brennpunkt Gemeinde 3/1995 – Studienbrief. Arbeitsgemeinschaft Missionarische Dienste (Hg.). Postfach 101142, 70010 Stuttgart.

Die offene Phase

Die ›offene Phase‹ wird mit Musik ein- und ausgeleitet – oder auch die ganze Zeit mit leiser Musik begleitet – und beinhaltet nebeneinander verschiedene Angebote. Diese Aktionen werden über den Kirchenraum verteilt oder auch in Nebenräumen (z. B·das Seelsorgegespräch) angeboten.

Aktionsmöglichkeiten während der offenen Phase

1. Der/die BesucherIn kann eine *Kerze anzünden* für einen Menschen, der ihm/ihr besonders am Herzen liegt, der vielleicht krank ist oder gestorben ist. Dafür stehen auf den Altarstufen Blumenkästen aus Ton mit Sand und Kerzen bereit. Oft verweilen die BesucherInnen bei den Kerzen, stehen oder knien und beten. Das kann ein befreiendes Gefühl sein. Dieses Kerzenanzünden schafft oft Kontakt zu den Menschen, an die sie denken, oder zu sich selbst, um sich über eigene Gefühle klar zu werden. Im Gebet geben manche auch den Menschen, für den sie die Kerze anzünden, in Gottes Hände und bitten ihn um Hilfe. Das ist für viele, die sich vielleicht verantwortlich, aber überfordert fühlen, tröstend und beruhigend. Sie spüren, daß sie nicht mit dem Problem alleine gelassen sind, sondern daß Gott da ist, dem sie vertrauen können. »Kommet her, alle die ihr mühselig und beladen seid, ich will euch erquicken.« So kann das Gefühl entstehen, daß man etwas für jemanden getan hat, der/die Hilfe braucht, daß man aber auch empfangen hat; vielleicht eine wohlige, ruhige und tröstende Wärme.
2. Es gibt die Möglichkeit, eine *Fürbitte* zu *schreiben* und so etwas Belastendes auszusprechen. So kann der/die Betreffende dem Schweren Ausdruck verleihen, es mitteilen und andere daran teilhaben lassen sowie das Mitbeten anderer als etwas Tragendes erleben und annehmen – ohne es direkt jemandem sagen zu müssen. Dafür liegen auf einem Seitenaltar verschiedenfarbige Blätter und Stifte bereit. Der/die BesucherIn kann entscheiden, ob die Fürbitte laut vorgelesen werden darf (z. B. gelbes Blatt) oder ob sie lieber später bei der Teambesprechung ins Gebet mit aufgenommen werden soll (rotes Blatt). Von den Gebeten, die laut vorgelesen werden dürfen, werden sechs ausgewählt, die anderen werden auch in den Gebetskreis aufgenommen.
3. Als etwas ganz Besonderes gilt die *Segnung und Salbung*. Der/die BesucherIn kann sich einen persönlichen Segen für die Woche oder für ein besonderes Anliegen schenken und sich salben lassen.

Diese Segnung kann dabei je nach Ort und theologischer Prägung des Teams unterschiedlich gehandhabt werden.

Segnung

Das Team für die Segnung besteht aus drei Mitwirkenden.
Der/die BesucherIn wird nach dem Vornamen gefragt und ob er/sie ein besonderes Anliegen nennen möchte. Er/sie kann selbst entscheiden, ob er/sie dieses Anliegen sagen oder lieber für sich behalten möchte. Er/sie setzt sich auf den bereitstehenden Stuhl. Zwei der Segnenden stehen hinter dem Stuhl und legen jedeR eine Hand sanft auf den Rücken oder die Schulter. Sie haben eine begleitende Funktion. Der/die Segnende legt eine Hand auf die Schulter, in der anderen Hand hält er/sie das Öl (ein Napf mit einer Mischung aus ätherischen Ölen und Watte). Dem/der BesucherIn wird der trinitarische Segen zugesprochen, der durch spontane Zusätze, die zum Anliegen passen, ergänzt wird (z. B.:«Ich segne dich im Namen des Vaters, der dich auf all deinen Wegen beschützt (Kreuz mit Öl auf die Stirn) und des Sohnes, dessen unendliche Liebe, dich stark macht (Kreuz in die rechte Hand) und des Heiligen Geistes, der dir tröstend zur Seite steht (Kreuz in die linke Hand)«. Der/die Segnende nimmt nun die Hände des/der Gesegneten liebevoll schützend in die Hände und schließt die Segenshandlung mit einem Bibelspruch, z. B.: »Befiehl dem Herrn deine Wege und hoffe auf ihn, er wirds wohl machen«). Ebenso kann die Segnung ohne Salbung stattfinden, es kann eine Person segnen, mit Handauflegung gesegnet werden usw.
Die Segnung und Salbung verdeutlicht die ganz persönliche Zuwendung Gottes zum Menschen, er wird in seiner Individualität und seiner momentanen Lebenssituation ernst genommen.

4. Zum weiteren kann in der Sakristei oder einem Seitenschiff der Kirche ein *seelsorgerliches Gespräch* angeboten werden. Es steht eine qualifizierte Person zur Verfügung (Schweigepflicht!) die da ist, die zuhört und auf diese Weise in diesen 20 Minuten vielleicht einfach nur guttut. Hier können gegebenenfalls auch Kontaktadressen vermittelt werden, die eine weitere und intensivere Betreuung ermöglichen.
5. Für alle die, die noch *Fragen oder Kritik zur Ansprache* (Predigt) haben oder sich noch darüber mit dem/der PredigerIn unterhalten möchten, besteht das Angebot einer Gesprächsgruppe.
6. Ein weiteres Angebot besteht darin, an der *Klagemauer* mitzubauen. Diese Aktion ist gedacht für Menschen, die etwas tragen müssen, sich aber nicht ausdrücken oder artikulieren möchten oder können. Sie bauen mit einem Ziegelstein an der Mauer weiter und können so auch Gemeinschaft spüren – eine Gemeinschaft der Trauer, der Wut, des Zorns, des Leids. Hierbei besteht die Möglichkeit, sein Problem, sein Anliegen, seinen Zorn, sein Leid auf ein Blatt Papier zu schreiben und in eine Mauerritze zu stecken. Diese Blätter werden von niemandem gelesen (hinterher verbrennen und das vor-

her auch ankündigen!). Das bietet vielleicht dem einen oder anderen eine gewisse Sicherheit. So kann der/die Betreffende sogar etwas loswerden, was er/sie getan hat und bereut – ohne Angst, dadurch verurteilt oder bestraft zu werden. Es gibt keine höhere Instanz, die hier ausgrenzt. Dieses Angebot, so schlicht und einfach es auch klingen mag, kann oft wichtige Lern- und Entwicklungsprozesse in Gang setzen.

7. Neben den ›festen‹ Angeboten während der Offenen Phase können auch auf das jeweilige Thema *abgestimmte Aktionen* stattfinden (z. B. Samenkörner pflanzen, die der/die BesucherIn mit nach Hause nehmen kann, um sie zu pflegen und wachsen zu sehen. Oder Weizenkörner einmal ganz bewußt anzufassen und durch die Hände rieseln zu lassen. Zum Thema ›Aids‹ oder in der Passionszeit könnten die BesucherInnen auch an einem Quilt (acht zusammengenähte, 90 x 180 cm große Gedenktücher für Aidstote) mitwirken oder rote Schleifen herstellen, u.s.w.)

8. Eine *Meditation* (in einem Nebenraum oder einem Seitenschiff der Kirche) kann in dieser Phase ebenfalls ihren Platz finden.

9. In dieser offenen Phase kann jedeR selbst entscheiden, ob und was er/sie wahrnehmen möchte. Der/die BesucherIn kann genausogut in der Bank sitzenbleiben, die *Zeit für sich ganz persönlich nutzen*, d. h., sich für sich selbst, die eigenen Gefühle und Gedanken Zeit nehmen. Oft gelingt das in einer Gemeinschaft, in der auch der Geist Gottes spürbar ist, besser. Hier ist ein Raum, der Sicherheit und Geborgenheit schafft, weg vom Alltag. Dasitzen und diese Stimmung genießen, kann Geborgenheit vermitteln und etwas Tröstliches haben.

Natürlich können die BesucherInnen auch in der Kirche umhergehen, vielleicht Bekannte begrüßen, eine Bilderausstellung betrachten usw.

Die offene Phase ist für viele BesucherInnen ein ganz besonders wichtiges Element. Sie fühlen sich in ihrer Eigenheit, in ihrer Situation angenommen. Sie haben ihren Platz in diesem Gottesdienst. Es ist nicht gleichgültig, ob sie hier sind oder nicht. Ein Gebet oder ein Segen ist etwas Konzentriertes und trägt eine besondere Schwingung. Hier haben Emotionen, Ängste, Nöte oder auch Freuden ihren Raum.

Die Art und die Anzahl der Angebote hängt natürlich ab von den Ideen und der Anzahl der Mitwirkenden sowie den räumlichen Gegebenheiten. So kann sich die offene Phase und somit auch die ganze Thomasmesse immer wieder neu gestalten und wird kaum zu einem starren und festgefahrenen Gottesdienst. Die Thomasmesse lebt von den unterschiedlichen Menschen und Strömungen und ist offen für Neues.

Stefanie Betz

Gottesdienst leben

Caring Community

Im nachfolgenden Artikel wird ein Gottesdienstablauf in Anlehnung an das Projekt ›Caring Community‹ beschrieben. Das Projekt findet normalerweise in der ersten Phase einer festen Gruppe statt, die sich über drei Monate intensiv mit den einzelnen Schritten der Liturgie des Gottesdienstes und ihrer Bedeutung für jede/n einzelne/n in seinem/ihren Leben beschäftigt.
Um einen Gottesdienst nach dem Modell des ›Caring Community‹ zu feiern, ist es jedoch nicht notwendig, daß die TeilnehmerInnen diese Erfahrung von ›Caring Community‹ gemacht haben. Die Praxis hat gezeigt, daß man durchaus einen Jugendgottesdienst nach diesen Schritten gestalten kann. Oft wird gerade hierdurch die den Jugendlichen und Erwachsenen fremd gewordene Liturgie wieder lebendig und in den Alltag übertragbar.

»Wo Himmel und Erde sich berühren« oder »Wenn plötzlich der Alltag im Gottesdienst Einzug hält!« Eine Gottesdienst-Planungshilfe – und mehr noch

Was haben eine Wasserschale und ein Schlüssel, ein Buch und paar Turnschuhe, der berühmte Knoten im Taschentuch und ein Geschenk mit Gottesdienst zu tun?
Auf den ersten Blick recht wenig. Aber je länger ich mich mit dem Projekt »Gottesdienst leben« auseinandersetzte, um so deutlicher wurde mir – und den beteiligten Jugendlichen (einschließlich derer in der Konfirmandenvorbereitung) –, wie einleuchtend der Gottesdienst so beschrieben werden kann. Eine Hilfe, die jeden Schritt der Liturgie erklärt und zugleich in einen Gesamtbogen stellt, der wie ein roter Faden den Gottesdienst gestalten hilft.

Ein zweites kommt hinzu:
Die vielfältigen Beteiligungsmöglichkeiten erreichen, daß der Gottesdienst zu einem Teil von mir wird.
Das Fremde der biblischen Botschaft wird konfrontiert mit den eigenen Erlebnissen, und dabei entsteht eine tragfähige Verbindung zwischen Alltag und Gottesdiensterfahrung, die so oft eingeklagt wird.
Wie groß diese Spannung zwischen Erwartung und Erfüllung ist, erfahren nicht nur Jugendliche. Ähnlich erging es Harry Hinrichs, einem Pfarrer in einer lutherischen Gemeinde in Chicago. Er geriet in Streit mit seinem Kirchenvor-

stand, als es darum ging, einen Schwarzen als Küster einzustellen. Die weiße Gemeinde wollte mit diesem nichts zu tun haben. Für Hinrichs war es ein Schlüsselerlebnis. Er fragte sich, was es wohl nützt, schöne Gottesdienste miteinander zu feiern, wenn ansonsten das tagtägliche Leben draußen vor der Türe bleibt. So entstand das Projekt »caring community«[1] – übersetzt »tragende Gemeinschaft« – , das als »Gottesdienst leben« in Deutschland eingeführt ist.
Das folgende Planungsmodell entstand aus meinen Erfahrungen mit diesem Projekt. Dessen Stärke kommt da zum Tragen, wo die Vielfalt der unterschiedlichen Gaben und Fähigkeiten der Beteiligen entdeckt und vielfältig eingebracht werden können. Den theologischen Leitgedanken dazu formuliert Paulus in seinem ersten Brief an die Korinther, wenn er von den verschiedenen Gaben und dem einen Geist spricht oder im Bild gesprochen, vom Leib und den verschiedenen Gliedern, die ein Ganzes bilden (1 Kor 12).

Der erste Schritt: Anrufung

Symbol: Wasserschale

Vor Beginn wird der Raum geschmückt. Der Stuhlkreis umschließt eine Mitte, die aus einem (Altar)Tisch besteht, geschmückt mit bunten Tüchern, Kerzen und allem, was Bezug hat zum gewählten Thema des Gottesdienstes.
Der Gottesdienst beginnt, indem z. B. vorbereitete Namenskärtchen verdeckt in die Mitte gelegt werden. Jemand aus der Vorbereitungsgruppe nimmt die oberste Karte, liest den Namen vor und begrüßt die genannte Person.
Manchmal ist es ein Wassertropfen aus Glas, der weitergegeben wird, ein anderes Mal zeichnen TeilnehmerInnen einander ein Wasserkreuz in die Hand – bei allem geht es darum: daß wir einander und uns vor Gott wahrnehmen, dies im Vertrauen, daß Gott uns in der Taufe angerufen, ja beim Namen genannt hat. Ihn, den wir anrufen, bitten wir jetzt in diesem Gottesdienst um seine Nähe.

Anrufung

Ohne Gott bin ich ein Fisch am Strand,
ohne Gott ein Tropfen in der Glut.
Ohne Gott bin ich ein Gras im Sand
und ein Vogel, dessen Schwinge ruht.
Wenn mich Gott bei meinem Namen ruft,
bin ich Wasser, Feuer, Erde, Luft.

Jochen Klepper[2]

1. Informationen über Gemeindekolleg der VELKD, Berlinstr. 4, 29223 Celle.
2. Evang. Gesangbuch (Ausgabe für Bayern/Thüringen) S. 410.

Du bist beides

Du bist beides; alles und nichts,
nicht ein Teil, auch nicht das Ganze.
Alle Namen werden Dir gegeben
und doch kann keiner Dich fassen.
Wie soll ich Dich also nennen,
Du, der Du über alle Namen bist.

Gregor von Nyssa[3]

Der zweite Schritt: Sündenbekenntnis – Freispruch – Ermutigung

Symbol: Schlüssel

Die GottesdienstteilnehmerInnen verteilen sich in Kleingruppen im Raum. Für diese sogenannten »Sharing«-Runden ist es unabdingbar, daß nicht diskutiert oder Äußerungen von anderen bewertet werden. Das heißt, das Gesagte bleibt stehen. Jede und jeder kann zu Wort kommen und alles ist »richtig«, weil hier eigene Biographie zu Wort kommt. Dabei geht der Blick zurück. Es ist Zeit, Erlebnisse mitzuteilen, den Schmerz, die Schulnote, die Fernsehbilder von Tiertransporten und was immer mich besonders berührt hat.
Der Schlüssel verdeutlicht, daß es um ein »sich öffnen« geht. Dieses ist möglich, wo ich erfahre, wahrgenommen und angenommen zu sein vor Gott und den Menschen. Die Erfahrung, nicht alleine zu sein und meinen Alltagserlebnissen Raum geben zu können, ohne mit billigem Trost oder guten Ratschlägen bedacht zu werden. Das Kyrie eleison, das Herr erbarme Dich, aber auch ein biblisches Wort der Ermutigung oder eine Geschichte, die jemand aus der Vorbereitungsgruppe jetzt einbringt, rückt unsere Erfahrungen in den langen Atem einer Liturgie, die auch dann da ist, wo ich (noch) keine Antworten habe für das Erlebte.

Ich möchte gerne so sein

Ich möchte gern so sein,
wie Gott mich haben will,
weil er mich so behandelt,
als wäre ich schon so.

Hannelore Frank[4]

3. Loccumer Brevier, Hg.: Loccumer Arbeitskreis, München 1993/3, S. 276.
4. Evang. Gesangbuch (Ausgabe für Bayern/Thüringen) S. 407.

Leuchte uns entgegen

Leuchte uns entgegen
mit deinem Licht, Gott der Klarheit.
Befreie uns
von der düsteren Sicht.
Belebe unsere Welt mit deinen Farben.

Walter Jens[5]

Gott schaut dich, wer immer du seist

Gott schaut dich, wer immer du seist,
so, wie du bist,
persönlich.
»Er ruft dich bei deinem Namen.«
Er sieht dich und versteht dich,
wie er dich schuf.
Er weiß, was in dir ist,
all dein Fühlen und Denken,
deine Anlagen und deine Wünsche,
deine Stärke und deine Schwäche.
Er sieht dich an deinem Tag der Freude
und an deinem Tag der Trauer.
Er fühlt mit deinen Hoffnungen und Prüfungen.
Er nimmt Anteil an deinen Ängsten und Erinnerungen,
an allem Aufstieg und Abfall deines Geistes.
Er umfängt dich rings
und trägt dich in seinen Armen.
Er liest in deinen Zügen,
ob sie lächeln oder Tränen tragen,
ob sie blühen an Gesundheit oder welken in Krankheit.
Er schaut zärtlich auf deine Hände und deine Füße.
Er horcht auf deine Stimme,
das Klopfen deines Herzens,
selbst auf deinen Atem.
Du liebst dich nicht mehr, als er dich liebt.

Paul Newman[6]

5. Evang. Gesangbuch (Ausgabe für Bayern/Thüringen) S. 709.
6. Loccumer Brevier, Hg.: Loccumer Arbeitskreis, München 1993/3, S. 49.

Der dritte Schritt: Das biblische Wort

Symbol: Buch

Im Mittelpunkt steht ein biblischer Text. Das sogenannte Damals-Wort hilft, diesen Text in sein Umfeld zu stellen. Wie haben die damaligen Hörer ihn erlebt? Welche Hintergründe zur Geographie, Geschichte usw. sind für uns wichtig zum Verständnis?
Danach folgt das Heute-Wort. Es geht um die Bedeutung des biblischen Wortes für uns heute. An dieser Stelle sind jetzt alle Möglichkeiten gegeben, um sich dem Text zu nähern und ihn zu gestalten.

Der vierte Schritt: Glaubensbekenntnis – Standpunkt

Symbol: Schuhe

An den Wortteil schließt sich Kleingruppenarbeit an mit der Frage: Nach all dem Gehörten/Gesehenen: Was ist mein Standpunkt zu diesem Text?
Es ist eine Anhörungsrunde (»Sharing-Runde«), in der jede/r TeilnehmerIn zu Wort kommt und oft überrascht wird von der Vielfalt der verschiedenen Standpunkte.

Der fünfte Schritt: Gaben-Runde

Symbol: Knoten im Taschentuch

Der Blick geht nach vorne. Aus unseren Standpunkten können Startpunkte werden, wo wir versuchen das Gehörte umzusetzen in die Lebensbezüge, in die jede und jeder zurückkehren werden. Erfahrungsgemäß handelt es sich um eine sehr intensive Phase. Symbolische Gegenstände finden jetzt Platz auf dem Altar.

- Ein Jugendlicher legt seine Brille dorthin, »denn er will genauer hinschauen auf die, die so leicht übersehen werden«.
- Eine Teilnehmerin versucht es mit einem Paket Kaugummi auszudrükken, »weil sie an dem Verhältnis zu ihrer Mutter so viel zu kauen hat«.
- Ein anderer legt seine Uhr auf den Altar mit der Bitte um mehr Zeit für sich.
- Ein Teelicht wird dort hingestellt mit der Bitte für die Freundin, die erkrankt ist.

Der Knoten im Taschentuch erinnert, das Erkannte soll nicht vergessen werden, und die Hoffnungslosigkeit möge einen Riß bekommen. Dies alles hat hier seinen Platz, wo ich und wir mit Brot und Wein im Abendmahl gestärkt werden.

Der sechste Schritt: Abendmahl und Segen

Symbol: Geschenk

Paulus schreibt nach Korinth: »Denn ein Brot ist's: so sind wir viele ein Leib, weil wir alle an einem Brot teilhaben.« (1 Kor 10,17)
Hier wird es deutlich, die Vielfalt der Standpunkte wird zum Reichtum – die Einheit im Mahl zur Stärkung – der Segen zur Kraft, seinen Weg in Gottes Namen weiterzugehen. Im Segen gehen – oft mit einem Geschenk in der Hand, das in Verbindung steht zum Ganzen des Gottesdienstes und seinem Thema: z. B. dem Vogel aus Holz (Mt 6), dem Bachkiesel (Psalm 1), Samenkörner zum Pflanzen von Hoffnungen usw.
Die vielen phantasievollen Gestaltungsmöglichkeiten lassen diesen Gottesdienst zum Erlebnis werden, weil ich mit meiner Welt vorkomme, mit meinen Stand- und Startpunkten, meinem Alltag, all dem, was mich berührt, ängstigt und hoffen läßt.

Rainer Brandt

Rave-Gottesdienst

Jugendgottesdienst in einer Jugendkultur

Die Techno-Kultur und ihre religiöse Dimension

Techno ist eine deutsche Musikkultur (deutsche Wurzeln: Kraftwerk, Tangerine Dream usw.), in der die Melodie kein tragendes Element ist. Techno basiert und ist reduziert auf »Beats« (BpM, d.h. Beats per minute), denen Melodien beigemischt werden oder Soundteppiche zum Zuhören eingespielt werden. Mit PC, CD-Player und Plattenspieler werden über eine ausreichend ausgelegte Musikanlage, die zunächst die Bässe »satt wiedergibt«, die »Raves« oder »Events« veranstaltet. Hinzu kommen Lichteffekte, wie »Moon Flower«, »Strobe-Lights«, »Nebelmaschinen« und »Laser«, die eine mystische Atmosphäre entstehen lassen – ähnlich, wie sie auch in alten Kirchenräumen manchmal anzutreffen ist.

Ziel bei Techno-Events ist: »Dein Körper muß zum Vibrieren kommen« (Aussage eines DJ dieser Szene). Techno ist so gesehen eine sinnliche Erfahrung. Heutzutage sind die Großveranstaltungen (Ausnahme »Love-Parade« in Berlin) passé. Die »Techno-House-Parties« mit max. 500 Personen haben Zukunft, ähnliches ist bei der Veranstaltung von Rave-Gottesdiensten zu beobachten.

Mystik, Ekstase und Spiritualität deuten die religiöse Dimension von Techno an, wenngleich diese Dimension zunächst nicht intendiert ist. Der in einem Lied oft gleiche Rhythmus erinnert an die Musik afrikanisch ritueller Tänze, an einen meditativen Trommelschlag oder auch an die gleichmäßige Rhythmik so mancher Fuge eines großen Kirchenmusikers wie Johann Sebastian Bach.

Im religiösen Bereich ist diese Dimension mehr und mehr verloren gegangen bzw. findet hier und da wieder neuen Eingang in das kirchlich-gottesdienstliche Leben.[1]

Techno ist keine religiöse Kultur. Jedoch bieten die unterschiedlichen sinnlichen Erfahrungen, die junge Menschen hier machen, ihnen die Möglichkeit, sich auf religiöse Inhalte bzw. auf die christliche Botschaft in einer ihnen gemäßen Form einlassen zu können.

1. Wurzeln in der jüdisch-christlichen Tradition: Prophetische Verzückungen mit Hilfe musikalischer Techniken (z. B. Elischa, 2 Kön 3,15) und Bernhard von Clairveaux, der u.a. Tanzgottesdienste veranstaltet hat.

Die Vorbereitung eines Rave-Gottesdienstes

- Junge Menschen wollen wissen, wozu sie eingeladen sind. Auf dem Einladungsplakat muß deutlich werden, daß es sich um einen Gottesdienst handelt: hier wird neben Techno auch das Wort Gottes zu hören sein.
- Kirchenräume eignen sich meistens gut für Rave-Gottesdienste – vorausgesetzt, daß in der Kirche ausreichend Möglichkeit zum Tanzen gegeben ist (z.B. Kirchenstühle können aus dem Raum entfernt werden oder die Kirchenbänke werden mit einer Tanzbühne überbaut, was sehr aufwendig ist). Wenn die räumlichen Voraussetzungen in einem Kirchenraum nicht gegeben sind, dann kann der Gemeindesaal die Funktion des Kirchenraumes übernehmen.
- Es ist davon auszugehen, daß nur wenige ReferentInnen für Jugendarbeit oder GemeindepfarrerInnen in der Techno-Kultur beheimatet sind. Die Erfahrung zeigt jedoch, daß nicht selten in den Jugendgruppen junge Menschen engagiert sind, die Musik- und Lichtanlagen organisieren und auch selbst bedienen können. Ebenso gibt es eine ganze Reihe junger Menschen, die »DJ's« für Parties sind und über ein Repertoire geeigneter Techno-Musik verfügen.
- Das gleiche gilt auch für die Erstellung der Plakate und Flyer (Handzettel und ein höchst wirksamer und gebräuchlicher Werbeträger in der Techno-Kultur). Schrift und Bild werden im Techno-Stil erstellt, so daß signalisiert wird, in welcher Jugendszene der Gottesdienst verankert ist. Die heutige Computertechnik macht es möglich, ein einladendes Plakat sowie Flyer zu erstellen.
- Wer Rave-Gottesdienste veranstalten möchte, muß eine gründliche Vorbereitungszeit ansetzen (ca. 4 Monate). Für die in Folge stattfindenden Gottesdienste reichen oft sechs Wochen aus, da das geeignete Computermaterial, wie auch die Suche nach Licht- und Tontechnikern wie DJ's entfällt. Es ist eine bewährte Praxis, zwei voneinander getrennte Teams zu bilden, die sich notwendigerweise in einem informellen Austausch befinden. Ein Team ist für die technische Realisierung der Plakate und Flyer sowie für die Ton- und Lichttechnik im Gottesdienst verantwortlich, ein zweites Team kümmert sich um die inhaltliche Vorbereitung des Gottesdienstes.

Thema, Inhalt und Struktur eines Rave-Gottesdienstes Erfahrungen in München

In der Darstellung beschränke ich mich auf die Erfahrung mit einem Rave-Gottesdienst (Oktober 1996), der das Thema hatte: »He is, he was, he comes, the Holy« (Offenbarung 1,8). Worldwide Message Tripe, eine christliche Techno-Formation, hat diesen Titel in ihrem Repertoire. Dieses und andere Musikstücke christlicher Formationen gaben für den Gottesdienst die

inhaltlichen Vorgaben. Hilfreich waren Psalmen, Bibeltexte und weitere christliche Texte, die entsprechend vertont sind. Sie waren die Vorgabe für Lesungen, Predigtelemente und Abendmahl.
Der Sonntagabend hatte sich für die Veranstaltung als besonders günstiger Zeitpunkt erwiesen.
Mit dem Aufbau wurde ca. 6 Std. vor Gottesdienstanfang begonnen (Licht- und Tonaufbau, endet mit einer Sprech- und Soundprobe).
Der MitarbeiterInnenkreis wuchs in den Wochen vor dem Rave-Gottesdienst auf über 40 Personen. Nur so konnte alles gründlich vorbereitet werden.
Am Anfang stand eine einstündige »Warming up-Phase«, in der ausgewählter Sound von DJ's angeboten wurde. Diese Phase war nötig, um den BesucherInnen das Ankommen zu erleichtern. Auch junge Menschen brauchen eine Zeit, um sich an den Tanz im Kirchenraum zu gewöhnen, sie brauchen Zeit, um sich in dem für sie ungewohnten Raum zurechtzufinden.
Letztlich gilt es in der Techno-Kultur als ausgemacht, daß der auf dem Plakat stehende Beginn einer Veranstaltung um mindestens eine halbe Stunde später verschoben wird. Der Rave-Gottesdienst begann nach der Warming up-Phase um 18 Uhr. Der Anfang war deutlich markiert.

Struktur eines Rave-Gottesdienstes

- Begrüßung und Einführung: Was ist im Gottesdienst zu erwarten (4 Min.)?
- Drei CD-Stücke zum Tanzen (12 Min.)
- 1. Predigt-Beitrag: »He was – the Holy« (6 Min.),
  (im Hintergrund dazu »Soundteppich«: z. B. Ambiente oder Trance)
- Ein Stück von CD (7 Min.)
- Psalmlesung (Psalm 150), dazu CD: Prodigal Sons: Psalm 150 (BpM)
- Ein bis zwei Glaubenserfahrungen junger Menschen – stellvertretend für das Glaubensbekenntnis (10 Min.)
- Zwei Stücke von CD oder Soundteppich, Zeit zum Nachdenken – später zum Tanzen (12 Min.)
- 2. Predigt-Beitrag: »He is – he comes, the Holy« (9 Min.),
  (mit Soundteppich zum Nachdenken)
- Zwei bis drei CD-Stücke zum Tanzen (15 Min.)
- Fürbitte und Vaterunser (5 Min.), (ebenfalls mit Soundteppich)
- Ein Stück von CD: z. B. Worldwide Message Tripe: »Real Thing« (6 Min.)
- Segen
- Zwei Stücke von CD (12 Min.)
- Ende des Gottesdienstes deutlich benennen, vor allem dann, wenn Techno-Rave sich anschließt
- Anschließend gemeinsamer Abbau

Resonanz und Bewertung

Die Resonanz auf diesen Gottesdienst war im allgemeinen eher positiv, allerdings sehr gegensätzlich: die einen waren total begeistert, die anderen reagierten skeptisch bis ablehnend. Dieser Gottesdienst hat offenbar niemand distanziert gelassen – etwa in der Art: »Na ja, es war ganz nett ...«, vielmehr forderte er die BesucherInnen zu klaren Standpunkten heraus.
Sabine (22 Jahre alt) schreibt: »Was mich sehr begeistert hat, war die Möglichkeit, zu jeder Zeit raus zu können, wieder etwas zur Ruhe zu kommen[2] – körperlich wie geistig, und nicht auf unbequemen Bänken darauf zu warten, bis der/die da vorne endlich fertig ist. Dazu jederzeit eigene Gedanken mit den anderen zu teilen, d. h., nach der ›Predigt‹ ernsthaft darüber zu diskutieren und sie nicht unreflektiert zu ›fressen‹. Außerdem haben mich die Texte durch die Bewegung des Tanzens mehr bewegt. Es ist mehr über das rein Wissenschaftlich/Rationale hinausgegangen, es war Gemeinschaft mit den anderen Tänzern da. Aber erst als man aus der Starre des Zuschauers raus – rein in das Neue, Ungewohnte geraved ist.«
Natürlich gab es auch äußerst negative Reaktionen, gerade aus dem Personenkreis, der ein eigenes, vertrautes Gottesdienst- und Kirchenbild vertritt. Von einem neuen Trend im Bereich der Jugendgottesdienste zu reden, scheint nicht angemessen zu sein. Angesichts der Schwierigkeiten, die Jugendliche mit vielen tradierten (auch Jugend-) Gottesdienstformen haben, geht es darum, daß junge Menschen ihren jeweiligen Zugang finden können. In den Rave-Gottesdiensten könnte das grenzüberschreitende Wort Gottes zu einer neuen Lebenswirklichkeit werden.
Häufig ist das Ende der Techno-Kultur prophezeit worden, die Kirche sei mal wieder zu spät dran, um auf diesen Zug aufzuspringen. Auch wenn es so wäre, hier werden Jugendliche in und um die Gemeinde einmal in ihrem Lebensgefühl wahrgenommen und müssen sich nicht zuerst auf die christliche Lebenskultur einlassen, was wiederum für sie mit einer Grenzüberschreitung verbunden ist. Wichtiges Ziel ist, Jugendliche in ihrer Musikkultur anzusprechen, sie mit christlichen Aussagen zu konfrontieren und sie zu einer Auseinandersetzung zu bewegen.
Neben der Techno-Kultur gibt es Dancefloor, Aggressiv-Rock oder Hip-Hop etc. In den beiden letztgenannten Musikszenen kann man ebenfalls interessante christliche Gottesdienstversuche finden.

Siegfried Bernard

2. In den Nebenräumen der Kirche können Ruhezonen eingerichtet werden (Anm. der Hg.).

Gottesdienst-Entwürfe

Alles was Liebe ist

Voraussetzungen

Das Evangelische Jugendwerk Regensburg veranstaltet, wenn möglich in Zusammenarbeit mit einzelnen Gemeinden, etwa 4 mal pro Jahr einen Jugendgottesdienst. Fünfzehnmal wurden diese Gottesdienste bereits unter dem Namen »Gottesdienstabend für junge Leute« durchgeführt. Eingeladen dazu sind Jugendliche ab dem Konfirmandenalter. Der Altersschwerpunkt liegt bei 16 bis 18 Jahren, es sind auch stets einige erwachsene Gemeindeglieder anwesend. Zu bestimmten Themen werden gezielt Personengruppen eingeladen.

Ziel ist es, im Zentrum Regensburgs, auf einem geschichtsträchtigen Platz, in einer geschichtsträchtigen Kirche geistliche Angebote an junge Leute zu richten.

Die jeweiligen Gottesdienste werden von einem Team von ehren- und hauptamtlichen MitarbeiterInnen vorbereitet.

Es gehört zur Liturgie dieses Gottesdienstes, daß sich die gesamte Gemeinde nicht stark an einem Ort aufhält, sondern sich im gesamten Kirchenraum bewegt. Das ist gerade auch für eine kleine Gottesdienst-Gruppe eine gute Möglichkeit, den gesamten Raum – auch einer großen Kirche – für sich zu nutzen und auszufüllen. Das kann je nach konkretem Raum ganz verschieden aussehen.

Hier fand der Gottesdienst in drei Teilen an drei verschiedenen Orten statt:

- Teil 1
  im Eingangsbereich:
  Einstieg
  Begrüßung
  Lied
  »Liebe ist ...«
  Gebet
  Lied
- Teil 2
  im Kirchenschiff:
  Gebet
  Malen
  Lied
  Bibeltext
  Predigt
  Lied
  Murmelgruppen
- Teil 3
  im Altarraum:
  Lied
  Zärtlichkeit weitergeben
  Gebet
  Abendmahlsteil
  Gebet
  Abkündigungen
  Gute-Nacht-Geschichte
  Segen
  Lied

Der gemeinsame Prozeß und das Hineingehen ins Thema zeigt sich in diesem Gottesdienst konkret im gemeinsamen Weg durch den Kirchenraum.

Gottesdienstverlauf

Singen vom Liedblatt

Einstieg

Es ist, was es ist

Es ist Unsinn
sagt die Vernunft.
Es ist was es ist
sagt die Liebe.
Es ist Unglück
sagt die Berechnung.
Es ist nichts als Schmerz
sagt die Angst.
Es ist aussichtslos
sagt die Einsicht.
Es ist was es ist
sagt die Liebe.
Es ist lächerlich
sagt der Stolz.
Es ist leichtsinnig
sagt die Vorsicht.
Es ist unmöglich
sagt die Erfahrung.
Es ist was es ist
sagt die Liebe.

Erich Fried

Begrüßung

Ich darf euch alle ganz herzlich begrüßen heute abend!
Das Thema unseres Gottesdienstes heißt »Alles was Liebe ist«.
Liebe ist manchmal spannend, manchmal schmerzlich. Wir wollen ihr etwas auf die Spur kommen und wollen auch darüber nachdenken, was Liebe ist – vor Gott betrachtet.

Wir vom Vorbereitungskreis haben uns einiges dazu einfallen lassen. Wir werden viel singen miteinander, wir wollen z. B. zum Thema auch malen und uns in Gruppen unterhalten, und wir werden auch Abendmahl miteinander feiern, das Mahl, bei dem für viele die Liebe von Gott zu uns Menschen am spürbarsten wird. Ich würde mich freuen, wenn ihr euch auf das alles einlassen könntet, was wir in den nächsten zwei Stunden miteinander machen. Nehmt euch diese Zeit bewußt für euch selber, in der ihr mal abschalten, durchschnaufen, empfangen könnt...
Lied: »Unsere Zeit in Gottes Händen« (ML 2, B185)

Text

Verschiedene SprecherInnen – in der Mitte brennt eine große Kerze:

- Liebe ist manchmal wie eine Kerzenflamme: sie brennt. Manchmal tanzt die Kerzenflamme – wie verrückt. Sie schenkt Licht in der Dunkelheit. Sie spendet Wärme. Ich werde ruhig, sanft, besänftigt, wenn ich ins Kerzenlicht schaue. An einer Kerzenflamme kann man sich auch verbrennen. Und: die Flamme verzehrt sich selbst, sie gibt sich hin.
  Liebe ist wie eine Kerzenflamme.
- Liebe ist, den anderen so sein lassen, wie er ist. (eine kleinere Kerze wird angezündet, ebenfalls in die Mitte gestellt)
- Liebe ist ein Mensch, zu dem ich immer kommen kann. (weitere Kerze wird angezündet)
- Liebe ist zu sehen, was ein anderer nötig hat. (Kerze)
- Liebe ist, daß Gott meinem Leben einen Sinn gibt. (Kerze)
- Liebe ist auch die Eifersucht, die mich quält. (Kerze)
- Liebe ist das Kribbeln in meinem Bauch, wenn ich an meinen Freund denke. (Kerze)
- Liebe ist, wenn ein Vater sein Kind beschützt und umsorgt. (Kerze)

Die Kerzen werden im Laufe der Malphase zum Altar gebracht und brennen dort während des gesamten Gottesdienstes.

Gebet

Guter Gott, eigentlich ist unser Leben voll von Liebe.
In so vielen Kleinigkeiten schenkst Du sie uns.
Aber oft erkennen wir sie nicht,
weil wir sie als Einschränkung erfahren.
Stellt man uns unsere Liebe nicht oft als etwas Böses hin?
Oder als etwas, das uns am eigenen Leben hindert,

weil wir zu viel Zeit für andere Menschen vergeuden?
Liebe – ebenso stark wie bedroht –
wie eine Kerze im Wind.
Wie leicht verlöscht sie ohne Schutz.
Gott, ich bitte Dich: lehre uns,
Deine Liebe in der Liebe anderer Menschen zu erkennen. Lehre uns Deine Liebe zu leben. Amen.

Lied: Da berühren sich Himmel und Erde (ML 2, B225)

Überleitung zum Malen

Die Kerzen, die jetzt in unserer Mitte stehen, versinnbildlichen ganz verschiedene Arten der Liebe. Die Liebe ist ja so eine Sache, die wohl keine und keinen von uns kalt läßt. Sie ist etwas sehr Spannendes, sie kann uns das Leben angenehm machen, sie kann uns sehr glücklich und manchmal auch traurig machen. Ich möchte euch jetzt dazu einladen, daß ihr das, was euch zum Thema Liebe einfällt, aufschreibt oder auch malt. Beim Schreiben könnt ihr einfach das, was euch in den Sinn kommt, aufschreiben. Diejenigen, die lieber malen wollen, können sich die Wachsmalkreiden nehmen. Dabei kommt es gar nicht darauf an, daß ihr ganz tolle MalkünstlerInnen seid, sondern eher darauf, daß ihr durch Form und Farben ausdrückt, was euch beim Thema Liebe bewegt.
An dieser Wand haben wir eine Wäscheleine aufgehängt. Wenn ihr wollt, könnt Ihr eure Werke, ob bemalt oder beschrieben, dann mit Wäscheklammern an der Leine befestigen. Da können wir dann nachher anschauen, was dabei alles entstanden ist.
(Musik: »Rick Wakeman« – alle sammeln sich danach in den vorderen Kirchenbänken)

Lied: Hinnei matov (Lieder für Leipzig, Nr. 28)

Bibeltext (1 Kor 13,1-12), Verkündigung

Lied: Wir strecken uns nach dir (EG, Nr. 642)

Überleitung zu Murmelgruppen

Früher sind die Leute nach dem Gottesdienst öfters ins Wirtshaus gegangen und haben über das geredet oder auch geschimpft, was der Pfarrer gesagt hat. Wir machen jetzt so etwas Ähnliches: Ihr habt jetzt Gelegenheit, euch – am besten jeweils in 5er-Gruppen – darüber zu unterhalten, was euch an

dem, was über die Liebe gesagt worden ist, wichtig ist, oder was ihr vielleicht auch ganz anders seht. Ihr könnt euch dazu im Kirchenraum verteilen. Außerdem bekommt jede Gruppe noch eine Kerze und eine Packung mit Schokoladenherzen.
(ca. 15 Minuten – im Hintergrund Musik von Hufeisen,
bei Gitarrenmusik sammeln sich alle in der Nähe der Altarstufen)

Zärtlichkeit weitergeben – gegenseitige Salbung

Eines Tages kam eine Frau zu Jesus und wollte ihm etwas Gutes tun. Sie salbte ihn mit einem besonders kostbaren Öl. Wir laden euch ein, jetzt etwas Ähnliches zu tun. Dafür haben wir hier duftendes Salböl in Schalen vorbereitet. Vielleicht wollt ihr einen Menschen hier segnen, jemanden, der euch wichtig ist, salben. Das ist ziemlich ungewohnt für uns – einfach jemanden zu berühren. Ich mach‘ das jetzt bei ... Ich zeichne ihm ein Kreuz auf die Stirn.
(4 Schalen werden herumgereicht, dabei werden bekannte Lieder zum Thema »Liebe« gespielt, z. B. »All you need is love« von den Beatles)

Gebet

Liebe ist Zärtlichkeit.
Wir loben Dich, Gott.
Du läßt uns jetzt schon Deine Liebe spüren.
Wir loben Dich, Gott, denn Du schenkst Dich uns in Brot und Wein.
Was wir von Dir empfangen,
dürfen wir weitergeben.
Wir danken Dir, Gott, für Deine Liebe. Amen.

Abendmahlseinführung

Im Abendmahl, das wir miteinander feiern,
begegnen sich die Liebe Gottes und die menschliche Liebe.
Das Herz ist das Symbol für Liebe –
dort sitzt sie, sagt man.
In der traditionellen Abendmahlsliturgie heißt es:
»Erhebt eure Herzen, die Herzen in die Höhe«.
Wir öffnen unsere Herzen beim Abendmahl,
um Gottes Liebe zu spüren.

Gebet

Gott, es ist gut, daß wir Dich loben und preisen. Du bist der Ursprung des Lebens – der Vater Jesu Christi. Du hast ihn in diese Welt geschickt. Er ist gekommen, um uns zu befreien, frei zu machen, daß wir lieben und teilen können – so wie wir jetzt diese Gaben teilen. Deshalb danken wir Dir und loben Dich. Amen.

Lied: Kommt, wir teilen das Brot (EG 579)

Abendmahl

Einsetzungsworte
Vaterunser
als Zeichen des Friedens und der Verbundenheit
einander an den Händen fassen
Brot und Wein einander weiterreichen
(Musikbegleitung im Hintergrund)

Lied: Ich trau auf dich, o Herr (Ich will dir danken, Nr. 96)

Gebet

Wir danken Dir, guter Gott,
daß Du uns eingeladen hast in die Gemeinschaft mit Dir
in Jesus Christus. Hilf, daß uns Brot und Wein stärken,
damit wir Deine Botschaft
in unseren Alltag, in Schule und Berufsleben weitertragen. Amen.

Abkündigungen

Gute-Nacht-Geschichte (z. B. ein Märchen)

Segen

Gott segne und behüte dich.
Er zeige dir seine Liebe und lasse sein Angesicht voller Zuneigung über dir leuchten.
Sie erhebe ihr Angesicht über dich und halte dich fest in der Freude
und in dem Frieden ihrer Gemeinschaft. Amen.[1]

Lied: Gute Nacht, Freunde nach Reinhard Mey oder anderes Schlußlied

1. Die weibliche Form im dritten Satz wurde von den HerausgeberInnen gewählt.

Gottes guter Segen

Ein Gottesdienst mit Geistigbehinderten und Nichtbehinderten

Grundlage: Das Lied ›Gott, dein guter Segen‹ von Detlev Jöcker

Vorüberlegungen

Der Gottesdienst wurde gestaltet mit einer Wohngruppe für behinderte und nichtbehinderte junge Erwachsene (ca. 20-25 Jahre).
Wo Menschen mit geistiger Behinderung beteiligt sind, wird die Frage nach der Elementarisierung und des realen Lebensbezugs der Aussagen im Gottesdienst noch deutlicher im Vordergrund stehen müssen. Menschen mit geistiger Behinderung verfügen kaum über Abstraktionsvermögen und wenig Möglichkeiten, in ihren Vorstellungen die Konsequenzen veränderter Rahmenbedingungen für das eigene Leben zu erkennen, so daß Aussagen auf bereits gemachten, realen Erfahrungen gründen müssen. Es geht eben nicht, zu sagen: »Die Liebe Gottes verändert einen Menschen/die Welt«, sondern es muß dann in etwa heißen: »Wie geht es dir, wenn dich jemand streichelt oder in den Arm nimmt?« – »Ich fühle mich gut.« – »Dann kann ich auch zu anderen Menschen freundlich sein.«
Menschen mit geistiger Behinderung wissen sich angewiesen auf Schutz und Pflege durch andere. Sie kennen die Abhängigkeit des Menschen von Zuwendung und Führung aus ihrer täglichen Erfahrungswelt deutlicher als Nichtbehinderte. So kristallisierte sich schnell das Thema »Segen« heraus. Auf der Suche nach geeigneten Symbolen für dieses Thema fanden wir das Lied von Detlev Jöcker: ›Gott, dein guter Segen‹.
Konkreter Erfahrungshintergrund für den Segen ist die menschliche Zuwendung der Kinder Gottes zueinander.
Da eine rein verbale Verkündigung in diesem Zusammenhang schwierig ist, sollten die Aussagen auch sinnlich erfahrbar werden bzw. auf bereits gemachte, konkrete Erfahrungen aufbauen. So ging es uns bei diesem Gottesdienst darum, das eigene Leben in Beziehung zu Gott zu setzen und diese Beziehung ›real erfahrbar‹ zu machen. Ziel und Inhalt wurde so die Feier des Gottesdienstes an sich: Leben und Nähe spüren im Angesicht Gottes.
Das Gespräch über den ersten Vers des Thema-Liedes gleich zu Beginn des Gottesdienstes hat auch die Funktion, die behinderten TeilnehmerInnen für das Geschehen zu aktivieren und sie gleich zu Beginn einzubinden.
Vorbereitet wurde der Gottesdienst von einem Team, bestehend aus behinderten und nicht-behinderten Bewohnern der Gruppe und dem Pfarrer.

Dabei sollten möglichst viele von den Behinderten eingebrachte Gedanken im Gottesdienst auftauchen und in Beziehung zum religiösen Leben gebracht werden.
Bei der Vorbereitung wurde in der Gruppe das Lied bekannt gemacht und die darin enthaltenen Bilder besprochen. Beim Übertrag der Bilder auf die konkrete Lebenssituation mußten z. T. längere Aktions- bzw. Übungsphasen, in denen die Bildaussagen auf die Lebenserfahrung übertragen wurden, eingeschaltet werden (z. B. ausprobieren, wie es ist, wenn jemand seine Hand schützend über mich hält etc.). Diese ›Übungsphasen‹ fanden jedoch dann auf Wusch der behinderten TeilnehmerInnen Eingang in die Gottesdienstgestaltung.
Ein Predigtteil wurde nicht vorgesehen, da im Gottesdienstablauf viele Symbole zum Tragen kamen, was normalerweise vermieden werden sollte, wenn die Vermittlung von Inhalten im Vordergrund steht. Uns ging es aber einfach darum, die Vielfalt des Lebens unter dem Segen Gottes darzustellen und zu erspüren.
Der Gottesdienst wurde begleitet von einem Gospelchor, der das Einüben und die Führung durch das Lied übernahm.
Die Erfahrung mit diesem Gottesdienst hat uns selbst ermutigt, Lieder – in denen oft Symbole die inhaltlichen Aussagen verdeutlichen – als Grundlage für die Gestaltung von Gottesdiensten zu verwenden.

Gottesdienstverlauf

Orgelvorspiel/Band/Musikeinspielung
Begrüßung, Einführung in den Gottesdienst
Eingangslied: Gottes Liebe ist wie die Sonne
(Hier könnte als Confiteor z. B. das im Kap. ›Sündenbekenntnis‹ beschriebene getanzte Confiteor zum Thema ›sich öffnen‹ S. 37 folgen)
Lesung: 1 Mose 12,2

Einüben/Singen des Liedes ›Gott, dein guter Segen‹, Vers 1
Gespräch mit behinderten Gruppenmitgliedern über das Zelten

Gedankensplitter

Du warst schon mal Zelten. Wie war das denn? Wo warst du? Mit wem? Habt Ihr große oder kleine Zelte gehabt? Hat es da auch mal geregnet in der Nacht? Was hast Du da gemacht/gefühlt? (Regen prasselt auf's Dach, ich bin im Trocknen, in den Schlafsack gekuschelt. Das war schön!)
Aktion: Eine Gruppe stellt ein lebendes Zelt.

Lied »Gott, dein guter Segen«

2. Gott, dein guter Segen
ist wie ein helles LICHT,
leuchtet weit, alle Zeit
in der Finsternis.
Guter Gott, ich bitte dich:
LEUCHTE UND ERHELLE MICH.
Laß mich unter deinem Segen
leben und ihn weitergeben.
Bleibe bei uns alle Zeit,
segne uns, segne uns,
denn der Weg ist weit.

3. Gott, dein guter Segen
ist wie des Freundes HAND,
die mich hält, die mich führt
in ein weites Land.
Guter Gott, ich bitte dich:
FÜHRE UND BEGLEITE MICH.
Laß mich unter deinem Segen
leben und ihn weitergeben.
Bleibe bei uns alle Zeit,
segne uns, segne uns,
denn der Weg ist weit.

4. Gott, dein guter Segen
ist wie der sanfte WIND ,
der mich hebt, der mich trägt
wie ein kleines Kind.
Guter Gott, ich bitte dich:
STÄRKE UND ERQUICKE MICH.
Laß mich unter deinem Segen
leben und ihn weitergeben.
Bleibe bei uns alle Zeit,
segne uns, segne uns,
denn der Weg ist weit.

6. Gott, dein guter Segen
ist wie ein weiches NEST,
Danke, Gott, weil du mich
heute leben läßt.
Guter Gott, ich danke dir.
Deinen Segen schenkst du mir
und ich kann in deinem Segen
leben und ihn weitergeben.
Du bleibst bei uns alle Zeit,
segnest uns, segnest uns,
denn der Weg ist weit.

(Eine Gruppe behinderter Jugendlicher stellt sich im Kreis und hält schützend ihre Hände über einen Jugendlichen in der Mitte.)

Gedankensplitter

»Gott, dein guter Segen ist wie ein großes Zelt« – N.N. hat uns eben erzählt, was es heißen kann, in einem Zelt geborgen zu sein.
Gott, dein guter Segen ist wie ein Zelt: So ein warmes Gefühl bei Gott, ein warmes Gefühl bei den Menschen, die ihn lieben. Das ist auch Schutz und Geborgenheit unter den Händen derer, die Gottes Kinder genannt werden.
So wie N.N. jetzt geborgen ist, so will es Gott für uns alle Zeit: Daß wir uns gegenseitig Schutz und Beistand geben. Dem N.N. geht es jetzt gut. So soll es sein.

Lit.: Wo es Menschen gibt, die zueinander stehen, da wird es Licht in den Herzen:
Singen Vers 2: Gott, dein guter Segen ist wie ein helles Licht

Gedankensplitter

Licht für die Menschen, Licht, wo Dunkelheit sich auszubreiten droht. Licht, wo Menschen wieder einmal frei durchatmen können weil es Entlastung gibt: Bericht von einer Aktion, die Licht zu Menschen brachte (z. B. Krankenbesuch etc.)
Lit.: Licht ist da, wo Menschen unterschiedlichster Fähigkeiten zueinander stehen.
Bericht einer gelungenen integrativen Arbeit
Wir zünden jetzt für jedes Mitglied der Jugendgruppe/ Bewohner der Wohngruppe /Teilnehmer des Gottesdienstes etc. eine Kerze an / eine Kerze stellvertretend für jedes Gemeindeglied hier. Licht für uns, Licht von Gott.
Gruppe entzündet Kerzen und stellt sie auf den Altar

Lit.: Menschen stehen zueinander, schenken sich gegenseitig Licht. Und so führen sie sich gegenseitig durchs Leben:
Singen Vers 3: Gott, dein guter Segen ist wie des Freundes Hand

Gedankensplitter

Ein Mensch kommt auf uns zu, einer, der es gut mit uns meint. Wir reichen einander die Hand: Zeichen, daß wir uns gut verstehen, daß wir miteinander zu tun haben möchten, daß wir uns helfen können, wo es nötig ist.
Die Gruppe hat vorgeschlagen, daß wir uns nun in dieser Kirche jemanden suchen, mit dem wir zu tun haben möchten, der uns etwas bedeutet. Wir reichen uns die Hand. Was fühlen wir dabei?
Lassen wir einfach den Händedruck auf uns wirken: Es ist schön, daß es dich gibt!!

Und vielleicht ist heute auch jemand alleine hier, fremd in der Gemeinde, vielleicht nur zufällig hier – der sich auf einen Händedruck freut?
Aktion

Lit.: Wo Menschen sich im guten Sinne begegnen, da kommt ein angenehm leichtes Gefühl in den Herzen auf, Dankbarkeit und Lob beginnen zu schwingen (bitte beieinander stehenbleiben für den nächsten Vers):
Singen Vers 4: Gott, dein guter Segen ist wie ein sanfter Wind
Lit.: Ich möchte Sie bitten, noch beieinander stehen zu bleiben und nun einzustimmen in den Lobpreis Gottes mit einer alten jüdischen Meditationsgeste: Der Lebensbaum schwingt sich zum Lobpreis Gottes im Wind. Die Gruppe macht es vor, bitte beginnen Sie einfach, wenn nun Orgel und Flöten den Vers noch einmal spielen.
Vers 4: Instrumental wiederholt
(Die GottesdienstbesucherInnen schwingen mit erhobenen Händen zur Musik.)

Dankgebet und/oder Fürbittengebet
Lit.: Wir beten zum Vater, der uns segnen will:
Vater Unser

Lit.: Schutz und Geborgenheit: ein Zeichen dafür ist das Nest eines Vogels. Hier ist er zu Hause, hier findet er/finden seine Jungen Schutz und Zuflucht, ist es warm. Auch unsere Hände können so ein Nest sein, sie können beschützen und wärmen. (mit den Händen ein Nest formen, evtl. etwas Weiches, Feder o.ä. hineinlegen)
Singen Vers 5: Gott, dein guter Segen ist wie ein weiches Nest
Segensgebet (z. B. Irischer Segen o.ä., dabei evtl. an den Händen fassen)

Orgelnachspiel/Band/Musikeinspielung

Roland Schwarz

Osternacht

Vorüberlegungen

Seit 1990 findet regelmäßig eine Osterfreizeit der Evangelischen Jugend München von Gründonnerstag bis Ostersonntag statt.
Es folgt die Beschreibung einer Osternacht, die sowohl als Einzelelement in einer Gemeinde gefeiert werden kann, als auch auf einer Osterfreizeit. Dem Ablauf der Osternacht liegt ein sich jedes Jahr wiederholendes Schema zugrunde, das im nachfolgenden Beispiel deutlich wird.
Für eine Osternacht innerhalb der Gemeinde ist es unter Umständen nötig, einzelne Elemente zu ändern, so kann z. B. an Stelle des Bibliodramas ein Anspiel, eine Kurzpredigt oder ähnliches stehen, wenn die zu erwartende Gruppe zu groß für ein Bibliodrama erscheint.

Gottesdienstverlauf

Beginn: ca. 2.00 Uhr
Ziel: Nacherleben der Osternacht, Lebendigwerden des Ostergeschehens
Raum: Die Osternacht findet in zwei Räumen und im Freien statt. Der erste Raum ist festlich geschmückt. Er ist ausgestaltet mit hellen bunten Tüchern,

in einer Ecke steht ein großes Holzkreuz, um das ein weißes Tuch gewickelt ist. Es sind Blumen und viele Kerzen vorhanden. Im zweiten Raum wird mit Hilfe von Tischen und weißen Tüchern eine Arche gebaut.

1. Station: Beginn der Osternacht
Die Gruppe trifft sich im ersten Raum, der noch dunkel ist.
In dieser Dunkelheit erzählt eine/r die Sintflutgeschichte (1 Mose 7) als Hoffnungsgeschichte, als Geschichte, in der ein Neuanfang nötig wird.
Wir machen uns auf den Weg in die Arche (im anderen Zimmer).
Dort wird die Geschichte weitererzählt.
Lied: »Hoffnung die dunkle Nacht erhellt.« (EG, Bayern/Thüringen, 628)

2. Station: Osterfeuer
Wir begeben uns ins Freie zur Feuerstelle, wo das entsprechend vorbereitete Osterfeuer entzündet wird. An dem Feuer wird die große Osterkerze angezündet.
Lied: »Sing Halleluja unserm Herrn« in vielen Sprachen (Lebenslieder, 14)
Zwei Fackeln werden als Beleuchtung für den Weg angezündet.

3. Station: Ostergarten
(Der Ostergarten wird im Laufe des Karsamstags aufgebaut – ähnlich wie eine Weihnachtskrippe.)
Wir gehen zum Ostergarten (Grab)[1]
Die Fackeln werden abgestellt und die Ostergeschichte von den Frauen am Grab Jesu (Mk 16,1-6) wird gelesen.
Der Stein des Grabes wird entfernt (»weggewälzt«) und die Kerze im Grab angezündet.
Osterruf: »Der Herr ist erstanden, er ist wahrhaftig auferstanden.« (sehr laut)
Lied: »Christ ist erstanden« (EG 99)
Anschließend entzünden alle ihre kleinen Kerzen an der großen Osterkerze. Langsam zieht die Gruppe singend vom Grab des Ostergartens zurück in den ersten Raum, dort werden alle im Raum vorhandenen Kerzen angezündet. Hier wird die Sintflutgeschichte fertig erzählt (1 Mose 8+9) und mit dem Erscheinen des Regenbogens beendet.
Lied: »Jubilate deo« (EG 181.7)

4. Station: Bibliodrama
Es schließt sich ein Bibliodrama an – in der beschriebenen Osternacht lag das Gleichnis von den Arbeitern im Weinberg (Mt 20,1-16) zugrunde.

1. Eine Beschreibung findet sich im Kapitel Raumgestaltung (siehe S. 84).

Die Geschichte wird zunächst zweimal gelesen. Anschließend werden alle gebeten sich zu überlegen, welche Person oder auch Gegenstände (z. B. den Weinberg oder die Reben) sie spielen wollen.
Die Geschichte wird gespielt und entwickelt sich im Spielen weiter; sie findet ihren Bezug in der Lebenswirklichkeit der SpielerInnen.
Zum Abschluß erfolgt ein Erfahrungsaustausch und eine Auswertung.
(Zeitlicher Umfang: mind. 1 Stunde)
Lied: »I will sing«

5. Station Tauferinnerung
Für jede/n wird im Vorfeld ein Segensspruch herausgesucht, der dann mit einem Wassertropfen aus Glas an jede/n weitergegeben wird.
Lied: »Von guten Mächten treu und still« (EG 637)

6. Station: Osterbrot
Das am Tag zuvor gebackene Osterbrot wird hereingeholt und angeschnitten. Nun wird gefeiert mit vielen Osterliedern. Außerdem werden Ostereier gesucht.

7. Station: Begrüßung des Ostermorgens
Um ca. 5.45 Uhr geht es ins Freie. (Hier wanderten wir zu einem Wasserfall in der näheren Umgebung, es kann aber auch zu einem See gehen oder zu einem anderen markanten Ziel.)
Begrüßung des neuen Morgens mit dem Lied: »Morning has broken«
Wir feiern Abendmahl. Vor den Einsetzungsworten wird noch einmal an den Regenbogen der Sintflutgschichte und an die Auferstehung Jesu, die heute gefeiert wird, erinnert.
Das Abendmahl bildet den Abschluß der Osternacht, es ist Wegzehrung für die kommende Zeit.
Einsetzungsworte
Vaterunser
Lied: »Brich mit den Hungrigen dein Brot« (EG 418)
Friedensgruß: »Friede sei mit euch/dir«. Alle sind eingeladen, einander ein Zeichen des Friedens (Händedruck, Umarmung, Wunsch, Segenswunsch ...) weiterzugeben.
Austeilung (Brot und Kelch werden einander im Kreis weitergereicht)
Lied: »Ubi caritas et amor« (EG 651)
ein irischer Reisesegen (s. Bausteine, S. 177)
Lied: »Colour of day«
Rückkehr
Osterfrühstück

Christine Tröger

Gottesdienst-Bausteine

Ankommen (A)

Begegnung/Frieden/Hände

Aktion und Meditation

Frieden durch Begegnung

Jede/r BesucherIn des Gottesdienstes erhält zu Beginn ein Kärtchen, auf dem der angefangene Satz »Frieden bedeutet für mich ...« steht. Jede/r kann, wenn er/sie will, den Satz fortsetzen und dann auf einen Baum, der in der Mitte steht, hängen.
Die Liedbegleitung, wenn möglich, mit Band oder Gitarre.
Lied (möglichst zum Thema Begegnung/Miteinander)
Begrüßung und Einführung ins Thema; Gedanken zu »Friede« und »Begegnung«.
»Ich begegne dem/r anderen«
Jede/r soll seinem/r Nächsten bewußt begegnen. Bei leiser, ruhiger Musik soll sich jede/r eine/n PartnerIn suchen (aus seiner unmittelbaren Nachbarschaft), sich gegenseitig mit den Fingerspitzen berühren, sich mit ihm/ihr so 1-2 mal im Kreis drehen und ihm/ihr dabei bewußt in die Augen sehen. Der bewußten Kontaktaufnahme folgt ein bewußtes Lösen von dem/der PartnerIn und darauf die Begegnung mit einer/m neuen PartnerIn.
Text zum Thema: Psalm 85
Das Bild mit den Händen wird mittels Dia oder Overheadprojektor auf eine Wand projiziert. Wir machen uns Gedanken zum Thema und zum Bild, dann tauschen wir unsere Erfahrungen in Kleingruppen (geleitet von MitarbeiterInnen) aus.
Verlesung der Meditation zum Bild mit den Händen (siehe unten) – anschließend Stille zum eigenen Nachdenken
Lied: Ein Friedenslied
Frieden durch Begegnung: ein Beispiel aus der Bibel
Gen 32: Jakob – Esau. Begegnungen spielen hier für den Frieden eine wichtige Rolle. Der Kampf am Jabbok bildet eine Grundlage für die friedvolle Begegnung zwischen den Brüdern.
Wir lesen uns gegenseitig (unter Einbeziehen der TeilnehmerInnen) einige Kärtchen vom Baum vor. Dieser Teil schließt mit einem selbstformulierten Gebet.

Meditation »Hände«

Hände auf dem Weg zueinander
Bereit, einander zu berühren
Bereit, einander zu spüren
Die weite Hand
Den Raum beherrschend
Mächtig geöffnet
Geübt, sich zu öffnen
Gewohnt, zu bieten

Gegenüber
Die tastende Hand
Unvollständig
Beschnitten
Zaghaft Raum gewinnend

Ungleiche Hände –
Ausdruck von ungleicher Herkunft
Ungleichen Möglichkeiten
Von ungleichem Wesen

Ungleiche Hände –
Bereit, einander zu spüren
Bereit, einander zu berühren

Ungleiche Hände –
Unterwegs zueinander.

U. Stroh[1]

1. Gesamtentwurf in: Arbeitsbehelf zur Vorbereitung auf die Zweite Europäische Ökumenische Versammlung. Teil 1: Versöhnung denken, feiern und beten, Graz 1997.

Versöhnung/Versöhnt leben

Gottesdiensteröffnung

Versöhnt leben und feiern im Namen Gottes

Im Namen unseres Vaters,
der Leben gibt und erhält,
im Namen seines Sohnes,
unseres wahrhaft menschlichen Bruders Jesus von Nazareth,
im Geiste ihrer alles umfassenden Liebe,
die uns zu Geschwistern macht im weltweiten Volk Gottes.
Amen.

Maria Thienne[2]

Schuld/Vergebung

Kyrie-Gebet

Von unsrer Schuld befreie uns

Wenn es Menschen gibt, denen wir nicht die Hand zur Versöhnung reichen wollen. (Kv)
Wenn die Einsamen in unserer Gemeinde einsam bleiben. (Kv)
Wenn die Kranken unserer Gemeinde nicht besucht werden. (Kv)
Wenn die Verzweifelten unserer Gemeinde nicht getröstet werden. (Kv)
Wenn die Kinder und Jugendlichen unserer Gemeinde nicht ernst genommen werden. (Kv)
Wenn wir nicht bereit sind, unser Leben zu ändern. (Kv)
Wenn wir das Wort Gottes hören, ohne es zu leben. (Kv)
Wenn wir Gottesdienst feiern, ohne Gott zu suchen. (Kv)[3]
Kehrvers: Von unsrer Schuld, befreie uns.

2. In: Arbeitsbehelf zur Vorbereitung auf die Zweite Europäische Ökumenische Versammlung. Teil 1: Versöhnung denken, feiern und beten, Graz 1997.
3. Ebd.

Engel/Ermutigung/Menschenrechte

Impulstext

Ich wünsche mir

Ich wünsche mir
einen Engel, der zu mir kommt,
der sagt, was Gott von mir will,
was ich für die Heilung der Welt zu tun hätte,
und der mich dazu ermutigt.
Warum kommen zu uns heute keine Engel mehr?
Kommen sie tatsächlich nicht?
Übrigens, heute ist der Tag der Menschenrechte.

Anica Keerl

Erwartung/Hoffnung/Träume

Impulstext

No future

Vieles spricht für »No future«.
Unsere Erwartungen, unsere Träume, unsere Hoffnungen sprechen aber dagegen.

Anica Keerl

Advent/Erwartung

Sprechmotette

Erwartungen

(verschiedene Sprecher)
ERWARTUNGEN ... ... sind nicht immer sichtbar oder wahrnehmbar.
ERWARTUNGEN ... ... wollen geäußert, mitgeteilt sein.
ETWAS ERWARTEN ... ... setzt voraus, daß ich weiß, was ich will.
ETWAS ERWARTEN ... ... kann die Furcht vor etwas sein – oder die Freude auf etwas.

ERWARTUNGEN HABEN ... ... kann bedeuten, mit Enttäuschungen konfrontiert zu werden.
ERWARTUNGEN ERFÜLLEN ... ... kann bedeuten, einem anderen Menschen zu helfen oder ihn glücklich zu machen.

Sabine Schoberth

Erwartung/Krieg-Frieden/Weihnachten

Sprechmotette

Erwartungen an Gott

(verschiedene Sprecher)
Manchmal erwarte ich nichts Gutes, um nicht enttäuscht zu werden.
Manchmal genüge ich meinen eigenen Erwartungen nicht.
Manchmal erwarte ich zu viel von anderen.
Manchmal erwarte ich zu wenig von anderen.
Und was erwarte ich von Gott?
Manchmal erwarte ich, daß Gott die Gewaltigen vom Thron stößt und die Erniedrigten erhöht. Manchmal erwarte ich, daß jeder Schuh, der mit Gedröhn marschiert und jeder Mantel, der im Blut schleift, von Gott verbrannt wird.
Und im Nachdenken über diese Erwartungen sehe ich ein anderes Bild: ein kleines Kind in einer Krippe, das mich erwartungsvoll anschaut.

Siglinde Meyer

(evtl. Textlesung Jesaja 9)

Beten/Engel/Tod/Trauer/Verlust

Anstelle eines Sündenbekenntnisses

Abschied nehmen

Immer wieder muß ich in meinem Leben Abschied nehmen,
- weil jemand stirbt
- weil jemand weggeht
- weil ich jemand/etwas verliere, an dem ich sehr hing.

Eine Frage steht im Raum: WARUM?
Ein offenes Grab, eine große Leere –

in mir und außerhalb von mir.
Ein trüber Tag, eine dunkle Nacht.
Wie geht es jetzt weiter?

Hilflosigkeit.
Unsicherheit.
Ich muß aber doch stark sein –
anderen gegenüber,
im Beruf,
bei Bekannten,
in der Öffentlichkeit –
und kann es doch nicht.
Meine Gedanken drehen sich nur noch im Kreis.
Meine Gefühle sind keiner Kontrolle mehr unterworfen.
(Wie lange läßt Du mich noch in diesem Zustand, Gott?)

Gott, meine Trauer bringe ich vor Dich,
meine geweinten und ungeweinten Tränen.

(Ich glaube, daß Engel den Weinenden ganz nahe sind.)

Stephanie Zimmer

(evtl. Psalm 126 als Gnadenzusage)

Schuld/Vergangenheit/Vergebung/Versöhnung/Zeitzeugen

Hinführung zum Schuldbekennntnis mit einer Erzählung

Kalavrita

... ein schöner kleiner, herrlich gelegener Ort in Griechenland, erreichbar mit einer kleinen Zahnradbahn durch felsige Schluchten. Aber nur wenige Touristen kennen die schreckliche Geschichte des »Ortes der Witwen«, wie er auch heißt. KALAVRITA wurde am 13.12. 1943 von deutschen Soldaten dem Erdboden gleichgemacht. Die trauernde Witwe steht dort, wo alle männlichen Bewohner des Dorfes, die älter als 12 Jahre waren, an einem Nachmittag erschossen wurden – über 1300 Menschen. Die Frauen und Kinder wurden in die Schule gesperrt, die dann von den Soldaten angezündet wurde. Sie haben nur deshalb überlebt, weil ein Soldat die Schreie nicht überhören konnte. Er ließ sie frei und bezahlte es mit dem Leben: seine eigenen Leute haben ihn erschossen. Unfaßbar, eigentlich nicht zu begreifen, was da geschehen ist. Und dies war nur einer von vielen Orten auf dem nördlichen Peleponnes, der ausradiert wurde, wo solche Massaker stattfanden.

Die Opfer: Frauen, Witwen, überlebende Kinder, – sie sind plötzlich keine anonymen Zahlen mehr, sondern Menschen mit freundlichen, offenen Gesichtern, wenn man hinfährt und ihnen begegnet. Eine der Frauen, mit denen man schnell ins Gespräch kommt, wurde vielleicht am Tage des Massakers geboren ... Es fällt ihnen nicht leicht, über die alte Geschichte zu reden, und doch reden sie offen darüber, ohne Vorbehalte, wenn sie gefragt werden – sie sind Zeitzeuginnen. Ihr Schmerz wird deutlich, aber sie freuen sich, wenn jemand sich für sie und ihre Geschichte interessiert. Viele Deutsche wissen gar nichts davon oder wollen es nicht wissen ...
Sich schuldig fühlen, ohne dabei gewesen zu sein.
Sich schuldig fühlen, obwohl so viel Zeit vergangen ist. Ich hatte doch gar nichts damit zu tun ...
Ich sehne mich nach einem Umgang mit Schuld, der Verheißung enthält von Vergebung und Frieden, der zum Segen wird.

Christine Tröger

Orientierung/Wort

Thematische Einführung in einen Jugendgottesdienst Kyrie – Gnadenzusage – Gebet

»Es ist dir gesagt, Mensch, was gut ist ...«

... so lautet das Thema unseres Jugendgottesdienstes, das sich auf einen Satz aus dem Prophetenbuch Micha (6,8) bezieht.
»Es ist dir gesagt, Mensch, was gut ist ...«: Ganz schön provozierend, finde ich. Wissen wir wirklich, was gut ist? Und dann auch noch von Gott? Wenn ich mich umschaue, sehe ich nicht viel Gutes. Ich entdecke eher Menschen, die wissen, was gut ist – jeweils für sich selbst. Und das geht meistens zu Lasten von anderen, die das dann gar nicht gut finden.
»Es ist dir gesagt, Mensch, was gut ist ...« – das klingt so, als wenn es ganz klar und eindeutig wäre. Eindeutige Botschaft in einer Welt, in der alles vieldeutig ist?
Was ist gut – um Gottes Willen?

Kyrie-Ruf und Zuspruch

(Die einzelnen Kyrie-Rufe werden abwechselnd von zwei Personen vorgetragen. Die Gemeinde antwortet mit Strophen des Liedes »Meine engen Grenzen«[4]

4. Text: Eugen Eckert, Musik: Winfried Heurich, Rechte: Studio Union im Lahn-Verlag.

Wir wissen, was gut ist, aber wir tun es nicht, weil wir meinen, es besser zu wissen.
Liedruf: *»Meine engen Grenzen, meine kurze Sicht bringe ich vor dich. Wandle sie in Weite. Herr, erbarme dich! Wandle ...!«*
Wir wissen, was gut ist, aber wir tun so, als wüßten wir es nicht.
Liedruf: *»Meine ganze Ohnmacht, was mich beugt und lähmt, bringe ich vor dich. Wandle sie in Stärke. Herr erbarme dich! Wandle ...!«*
Wir wissen, was gut ist, aber wir scheitern oft bei dem Versuch, unser Leben entsprechend zu gestalten.
Liedruf: *»Mein verlor'nes Zutrau'n, meine Ängstlichkeit, bringe ich vor dich. Wandle sie in Wärme. Herr, erbarme dich! Wandle ...!«*
Wir wissen, was gut ist, aber, Gott, wir tun es nicht, immer wieder nicht.
Liedruf: *»Meine tiefe Sehnsucht nach Geborgenheit bringe ich vor dich. Wandle sie in Heimat. Herr, erbarme dich! Wandle ...!«*
Gott spricht auch heute noch zu uns – immer wieder neu, mit großer Geduld: »Ich will Hilfe schaffen denen, die sich danach sehnen.« (Ps 12,6b)

Gebet

Gott,
wir sehnen uns nach Worten, denen wir glauben können, die unserem Leben Orientierung geben.
Oft sind wir verwirrt und wissen nicht mehr, was gut ist.
Zieh uns ins Gespräch mit dir, damit wir erkennen können, worauf es in unserem Leben ankommt.
Das bitten wir im Namen Jesu.
Amen.

Mechthild Bangert

Begegnung/Menschwerdung/Warten

Impulstext

Gott kommt

Zu Bethlehem kam Gott zur Welt
da zu-nächst und vor allem,
aber nicht nur.

Jetzt möchte er in uns
zur Welt kommen.

So wartet Gott im Grunde
unseres Herzens.

Schade, daß wir so wenig
bei uns sind.

Rainer Brandt

(gut geeignet als Einleitung zu einem Sündenbekenntnis)

Schenken/Weihnachten

Impulstext

Schenken – geschenkt!

KEINE ZEIT –
es wird schon wieder Weihnachten!
ALLE JAHRE WIEDER –
keine Ahnung, was ich schenken soll.
WEIHNACHTSGELD –
und das Fest wird auch jedes Jahr teurer
0 DU FRÖHLICHE –
Gott sei dank, bald ist es vorbei!
CHRISTBAUM –
eine kranke Tanne oder dann gleich einen Plastikbaum?
WEIHNACHTSKRIPPE –
Oberammergauer Holzschnitzerei oder die
Baldhamer Papierkrippe?
CHRISTI GEBURT –
Wer schenkt hier eigentlich wem?

Rudi Forstmeier

(gut geeignet als Impulstext – an der letzten Frage kann sich der Gottesdienst festmachen)

Ebenbildlichkeit/Feind/Vorurteil

Impulstext

Mein Gesicht

Das Gesicht des Feindes
entsetzt mich,

weil ich sehe,
wie sehr es meinem
eigenen ähnelt!

Verfasser unbekannt
(Überleitender Text zu einem Sündenbekenntnis)

Alltag/Gottlosigkeit/Klage/Sehnsucht

Ein Klagepsalm

Die befreiende Kraft Gottes

Unbekannter,
wie eine Spinne im Netz liegt die Stadt vor mir,
ihre Krallen strecken sich aus in die Wälder.
Menschen wimmeln in ihren Straßen, ohne Gesicht.
Die Blicke sind hart, die Mienen versteinert.
Kaum einer nimmt Rücksicht auf den nächsten.
Auch ich bin eingebunden in diese Hektik, kämpfe mit in diesem täglichen Kampf.
Du weißt es, denn nichts bleibt dir verborgen.
Und die Entfremdung treibt uns immer weiter weg
von allem, was du geschaffen hast.
Wo ist Licht in dieser dunklen Stadt?
Wo ist ein Leuchten, das von dir zeugt?
Niemand scheint dich hier zu brauchen,
es sei denn, du sollst für ihn kämpfen.
Niemand scheint dich hier zu vermissen.
Und doch ist mitten in ihr dein Haus,
an dem sie alle vorbeirennen.
Und überall in ihr bist du, oft unbemerkt.
Öffne die Pforten deines Hauses,
komme hervor, zeige dich, handle mit Macht.
Gib der Stadt ein menschliches Gesicht.
Denn in ihrem tiefsten Innern wartet sie,
warten Menschen, Maschinen und Ämter darauf,
dich zu loben und in dir den Frieden zu finden.
Amen.

K. Vonderberg[5]

5. In: Karlheinz Vonderberg, Neue Psalmen für Jugendliche, Kreuz Verlag, Stuttgart 1996.

Klagepsalm

An den Wassern von Babylon[6]

An den Wassern von Babylon
sitzen wir und weinen,
wenn wir an Zion denken.
Wir sehen die Wolkenkratzer von Babylon,
die Lichter, die sich im Wasser spiegeln,
die Lichter der Nachtklubs und der Bars von Babylon.
Wir hören ihre Musik –
und weinen.

An die Weidenbäume am Ufer
haben wir unsere Zithern gehängt,
an die Trauerweiden –
und wir weinen.

Die uns gefangennahmen
wollen, daß wir für sie singen:
Heimatlieder,
Volkslieder aus Zion.
Aber wie sollen wir im fremden Land
Zions Lieder singen?

Verdorren soll mir die Zunge,
zerfressen der Krebs den Mund,
wenn ich dich vergesse,
Jerusalem,
wenn du, Jerusalem, mir nicht lieber wärst
als alle ihre Freuden
und Feste.

Babel – mit Bomben schwer bewaffnet!
Zerstörerin!
Selig, wer deine Kinder ergreift
– die Kreaturen deiner Laboratorien –
und sie an einem Felsen zerschmettert!

Psalm 136 (137)

6. Aus: Ernesto Cardenal, Psalmen, Peter Hammer Verlag, Wuppertal 1981, S. 37.

Lobpsalm

Das Weltall ist sein Heiligtum[7]

Lobet den Herrn des Kosmos,
das Weltall ist sein Heiligtum
mit einem Radius von hunderttausend Millionen Lichtjahren.
Lobt ihn
den Herrn der Sterne
und der interstellaren Räume,
Lobt ihn
den Herrn der Milchstraßen
und der Räume zwischen den Milchstraßen,
Lobt ihn
den Herrn der Atome
und der Vakuen zwischen den Atomen,
Lobt ihn
mit Geigen, mit Flöten
und Saxophon,
Lobt ihn
mit Klarinetten und Englisch Horn,
mit Waldhörnern und Posaunen,
mit Flügelhörnern und Trompeten,
Lobt ihn
mit Bratschen und Violoncelli,
mit Klavieren und Pianolen,
Lobt ihn
mit Blues und Jazz
und Sinfonieorchestern,
mit den Spirituals der Neger
und der Fünften von Beethoven,
mit Gitarren und Xylophonen,
Lobt ihn
mit Plattenspielern und Tonbändern,
Alles, was atmet
lobe den Herrn,
jede lebendige Zelle,
Halleluja!

Psalm 150

7. Aus: Ernesto Cardenal, Psalmen, Peter Hammer Verlag, Wuppertal 1981, S. 40.

Ebbe/Flut/Hoffnung/Leben

Impulstext

Hoffnungsorte

Einer meiner ganz persönlichen Hoffnungsorte ist das Meer bzw. ein Platz an einem Strand, wo Ebbe und Flut immer wieder ein »Hoffnungsschauspiel« aufführen. Am liebsten ist mir dieses Schauspiel an der Nordsee im Winter, weil das Wattenmeer den Gegensatz von Ebbe und Flut verstärkt und weil im Winter wenig lärmende Menschen mich ablenken. Ebbe und Flut können auch Symbole für Lebensgefühle und Lebensphasen sein.
Ebbe: Rückzug, Gefahr der Austrocknung, Beschwerlichkeit.
Flut: Fülle, sprudelnde Power, ganz da sein.
»Wir jubeln der steigenden Flut entgegen und wehren uns erschrocken gegen die Ebbe. Wir haben Angst, sie würde nie zurückkehren. Wir verlangen Beständigkeit, Haltbarkeit und Fortdauer; und die einzig mögliche Fortdauer des Lebens wie der Liebe liegt im Wachstum, im täglichen Auf und Ab – in der Freiheit; einer Freiheit im Sinne von Tänzern, die sich kaum berühren, und doch Partner in der gleichen Bewegung sind. ...«.[8]
Die Gezeiten sind meine Hoffnung auf die Fülle nach der Dürre, und sie sind mir Zeichen dafür, daß Wachstum nur inklusive der »Auszeit« möglich ist. Nur Ebbe und Flut – das ist Leben!

Siglinde Meyer

Gebet

Gott, bleibe uns freundlich zugewandt

Gott, bleibe uns freundlich zugewandt; laß uns bewahren, was gut ist, und neu ergreifen, was weiterbringt.
Laß uns immer wieder Hoffnungsorte finden, damit wir bei Ebbe und Flut Lebensgrund finden in Dir.[9]

8. Aus: Anne Morrow-Lindbergh »Muscheln in meiner Hand«: In: Das Schönste von Anne Morrow-Lindbergh, München 1992.
9. Nach D 24 in: Gottesdienst menschlich 2. Barth, F. K./Grenz, G./Horst, P. (Hg.), Wuppertal 2. Aufl. 1984.

Beichte/Schuld/Vergebung/Versöhnung

Zeichenhandlung zur Versöhnung

Verbrennen

Auf Zettel werden Dinge geschrieben, die mich/uns am Miteinander hindern, die uns im Wege stehen. Diese werden in eine Schüssel gelegt. Mit Gebet etc. und unter Entzünden dieser Zettel wird Gott um Vergebung angerufen. Alle – nach Abgabe des Zettels – im Kreis um die Schale Stehenden können nunmehr miteinander Gott danken, daß er der Versöhner ist.

Gebet beim Verbrennen:

Gott, dein Name ist Barmherzigkeit und Versöhnung.
Du kennst unser Denken und Fühlen, unser Reden und Tun,
nichts ist Dir verborgen.
Wir vertrauen Dir alles an, was uns hindert, miteinander zu leben,
was uns in unseren Beziehungen zueinander und zu Dir belastet.
Du kennst unser Bemühen und unsere Trägheit.
So wie das Feuer die Zettel verbrennt,
so verbrenne Du in uns, was uns hindert zu lieben.
Dein Heiliger Geist ist Feuer, er entzünde unsere Herzen
und verwandle uns, damit wir als versöhnte Menschen von Dir Zeugnis geben können.
Du bist unsere Versöhnung, Dir danken wir und Dir singen wir Lieder des Lobes.[1]

Gemeinschaft/Tanz/Versöhnung

Tanz

Versöhnungstanz

Die Choreographie der Tanzgruppe orientiert sich anfangs am Voneinander-Wegtanzen. Die Gemeinschaft zerfällt – was verbindet wieder? Im Hören

1. In: Arbeitsbehelf zur Vorbereitung auf die Zweite Europäische Ökumenische Versammlung. Teil 1: Versöhnung denken, feiern und beten, Graz 1997.

auf das Wort Gottes wächst die Gemeinschaft wieder. Einer der Gruppe liest ein Wort der Schrift vor (etwa Gal 3,26-29). Zu ihm/ihr bewegen sich die anderen wieder hin. Nach dem Hören und zueinander Tanzen braucht es einen freudigen Tanz als Ausdruck des Geschenkes der Gemeinschaft, etwa den Friedenstanz (Einander im Kreis hinter den Rücken verschränkt die Hände reichen, so daß wir uns auseinanderdrehen können und dennoch »vereint« bleiben – dazu den Kanon »Schalom chaverim« singen).[2]

Entschuldigung/Lösung/Schuldbekenntnis/Streit

Wallfahrt mit 2 Stationen

Weg der Versöhnung

Erster Halt: Mit vereinten Kräften
Die Knoten in unserem Stück Schnur können je einen Streit darstellen. Von dem Schweizer Nationalheiligen, Nikolaus von Flüe, wird folgendes berichtet: Bei einem Streit der Eidgenossen trat er mit einem solchen Knoten in einem Seil vor die Streitenden und fragte: »Wie kann ich diesen Knoten lösen? Vielleicht, indem an beiden Seiten gezogen wird? Dann wird der Knoten nur um so härter und verbissener! Oder, zwei versuchen die Lösung, indem einer nachgibt und der andere weiterzieht? Auch dann bleibt der Knoten, wenn eine Partei immer den unteren Weg geht! Der Knoten laßt sich nur lösen, wenn beide Seiten einander entgegenkommen, um im Gespräch mit vereinten Kräften das Problem anzugehen.«
Gedanken: Zuerst muß ich mir aber einmal meiner Streitigkeiten, meiner Knoten in meinem Leben bewußt werden. Die nächste Wegstrecke können und sollen wir dafür verwenden, auch einmal selber über unsere Streitigkeiten, unsere Knoten nachzudenken. Mit wem streite ich häufig? Warum ist es so? – Überlegen wir auf dem Weg! ...
Gebet: Herr, unser Gott, wir stehen vor dir mit einer Schnur in der Hand, in der unsere Probleme eingeflochten sind. Komm, Geist Gottes, mit dem Feuer deiner Erkenntnis und erleuchte uns bis auf den Grund unserer Seele, damit wir erkennen, was wir falsch machen. Und dann schenke auch deine Kraft, neue Wege zu gehen. Amen.

Zweiter Halt: Der durchlöcherte Korb
Der Klosterbruder einer Wüsteneinsiedelei war in schwere Sünde gefallen. Man hielt eine Versammlung ab und schickte zu Altvater Moses. Der aber wollte nicht kommen. Daraufhin sandte ihm der Priester den Auftrag: »Komm,

2. Ebd. Kanon z.B. in 111 Lieder, Nr. 90.

denn das Volk erwartet dich.« Moses erhob sich und kam. Er nahm einen durchlöcherten Korb, füllte ihn mit Sand und nahm ihn auf die Schulter. Die Brüder gingen ihm entgegen und sagten zu ihm: »Was ist das, Vater?« Da sprach der Greis zu ihnen: »Das sind meine Sünden. Hinter mir rinnen sie heraus, und ich sehe sie nicht, und nun bin ich heute gekommen, um fremde Sünden zu richten.« Als sie das hörten, sagten sie nichts mehr zu ihrem Mitbruder, sondern verziehen ihm.

Gedanken:

Vielleicht sind wir manchmal sehr schnell, die Fehler der anderen größer zu machen, wenn es um die eigene Schuld geht. Haben wir nicht wirklich oft den Mut verloren, zu sagen: Ja, das habe ich getan, bitte entschuldige? Zugegeben, das setzt sehr viel an Mut beim einzelnen voraus. Überlegen wir: Wann haben wir zuletzt diesen Mut des Bekenntnisses aufgebracht? Vielleicht ist es erneut notwendig. Bitten wir auf der folgenden Wegstrecke um diesen Mut zur Umkehr.

Ziel einer solchen Wallfahrt kann eine Kirche oder ein anderer passender Ort zur liturgischen Weiterfeier ein.[3]

Buße/Schatten/Umkehr/Vergangenheit

Meditation

Über meinen Schatten springen

Mit »Schatten« bezeichnen manche Menschen die dunklen Stellen in ihrem Leben. Oft ist es so, daß solche schlimmen Erfahrungen sehr prägend für das weitere Leben sind.

»Über seinen Schatten springen« ist eine geläufige Redewendung: Positiv in die Zukunft sehen – neu anfangen – umkehren – einen neuen Weg einschlagen – oder im kirchlichen Sprachgebrauch: Buße tun. Wer nicht mit fest zugekniffenen Augen über seinen Schatten hinwegzuspringen versucht, der wird sich fragen: was kann ich aus meinen Schattenerlebnissen lernen?

Eine für mich wichtige Erkenntnis ist die Formel: »Aus der Geschichte lernen!« Dies stelle ich insbesondere im Blick auf meine deutsche Staatszugehörigkeit fest. Aus den Schattenseiten unserer deutschen Geschichte für die Zukunft lernen: das ist es, worauf es mir ankommt. Um solche Lehren zu ziehen, muß der dunkle Schatten ganz genau angeschaut werden. Ohne Licht ist genaues Hinsehen nicht möglich.

Gunther Fröhlich

3. Ebd.

(Idee: vor dem Text eine Pantomime, bei der jemand versucht, seinem Schatten zu entkommen; Fortsetzung der Pantomime bei unterschiedlich intensiven Lichtquellen)

Orientierung/Wort

Sprechszene

»Es ist dir gesagt, Mensch, was gut ist ...«

- Es wird mir so vieles gesagt, Worte prasseln auf mich herunter, gewaltige Worte, vielversprechend – aber plötzlich sind sie leer und wertlos. (verschiedene Werbespots eingespielen)
- Nachrichten und Informationsmaterial treffen mich – sie kommen aus der ganzen Welt. Sie scheinen wichtig zu sein, aber sie betreffen mich doch nicht, solange ich nicht selbst getroffen bin. (Nachrichten/Schlagzeilen aus Zeitungen einfügen)
- Das Angebot an Möglichkeiten, wie ich mein Leben am besten gestalte, ist riesig groß. Aber das, was für mich paßt, finde ich nicht.
- (Beispiele von sog. »Sinn«-Angeboten einfügen: Fitness-Studio/ Scientology/ Astrologie ...)
- Gott, was hast du uns dann noch zu sagen?
- »Es ist dir gesagt Mensch, was gut ist, und was Gott bei dir sucht: Nichts anderes als Recht üben, Freundlichkeit lieben und aufmerksam mitgehen mit deinem Gott.«[4]

Laß diesen Satz in der Stille wirken:
Welche Bilder tauchen in dir auf, welche Erlebnisse, welche Situationen? Welche Ängste, welche Sehnsüchte? (Der Satz kann noch einmal wiederholt werden; leise Musik)

Anschließend: Pantomime
Beispielhaft wollen bewegte Bilder – eine Pantomime – zu uns sprechen, keine lauten Worte, sondern in Bewegung gekommene Worte.
Jeweils zu den Begriffen »Gerechtigkeit üben/leben« – »Freundlichkeit lieben« – »aufmerksam mitgehen mit Gott« hat die Gottesdienstvorbereitungsgruppe eine kurze Szene – ohne Worte – erarbeitet; zwischen den Szenen ertönt eine Klangschale.
(Alternativ: Nehmen nur wenige am Gottesdienst teil, kann auch statt der Pantomime eine Schreibmeditation zum Thema folgen, die von einem Gedankenaustausch abgeschlossen wird.)

4. Übers. von Micha 6.8 nach H. W. Wolff. Gottesdienst Praxis, Serie A V/3, Gütersloh, S. 98.

Hinweise zum Fürbittgebet
Die Fürbitten können im Gottesdienst schriftlich oder mündlich zusammengetragen werden.
(Alternativ können sie auch in der Vorbereitungsgruppe erarbeitet werden.)
Für das Gebet empfiehlt sich eine einheitliche Struktur, in der Lob und Dank (Es ist gut, daß ... Dafür danke ich dir, Gott.) bzw. Klage und Bitte (Es ist nicht gut, daß ... Deshalb bitte ich dich, Gott ...) aufeinander folgen.

Mechthild Bangert

Glaubensbekenntnis

Persönliches Glaubensbekenntnis

Ich glaube
an eine göttliche Liebe,
die die ganze Welt und jeden Teil in ihr belebt,
die ihr Sinn gibt, uns begleitet und
ein Leben im Einklang mit der Schöpfung ermöglicht.

Und an Jesus, der diese Liebe verkörpert und
uns einen Weg zeigt, diese Liebe zu leben,
indem er mit uns weinen, lachen, zweifeln und hoffen konnte.
Wie jeder Mensch mußte er unter unseren Fehlern leiden,
wie jeder Mensch starb er allein und voller Angst.
Er durchbrach den endlosen Kreislauf von Leben und Sterben
und gab uns so die Hoffnung, uns ändern zu können.
Ich glaube, daß Jesus uns aufruft,
mit unserem Leben Antwort auf seine Liebe zu geben,
uns zu prüfen und uns für unser Handeln verantwortlich zu zeigen.

Ich glaube und hoffe, daß durch seine Liebe
eine wirkliche Gemeinschaft möglich ist,
die keinen ausgrenzt, alle verbindet
und doch jeden in seiner Einzigartigkeit bewahrt.
Amen

formuliert von Jugendlichen aus München und Leipzig an Ostern 1990

Begleitung/Schuld/Traum/Vergebung

Erzählung

Eine biblische Mutmach-Geschichte

Jakob ist auf der Flucht. Er hat sich seinem Bruder Esau gegenüber ziemlich mies verhalten. Geschickt hat er Esau um das Erbe betrogen. Aber sein Betrug ist aufgeflogen, und Jakob ist abgehauen. Müde legt er sich irgendwo bei Bethel auf die Erde – als Kopfkissen bleibt ihm nur ein Stein. Ich denke mir, daß sich Jakob gewünscht hat, die Zeit zurückdrehen zu können. Alles sollte wieder gut sein. Aber den Mist, den er gebaut hatte, konnte er nicht mehr ungeschehen machen. Im Traum sieht Jakob den Himmel offen. Auf einer Leiter steigen Engel auf und ab. Er hört eine Stimme: »Ich bin bei dir und werde dich behüten, und ich will dich nicht verlassen.« Jakob weiß sofort, daß es Gottes Stimme ist. Woher er das so genau wußte, kann ich nicht sagen. Aber der Traum von den Engeln und dem Versprechen Gottes ist lebensnotwendig für Jakob. Der Traum gibt ihm in seiner Verzweiflung Mut zum Weitergehen, zum Weitermachen auf einem besseren Weg. Aber sicher hat der Traum Jakob auch zu denken gegeben. Gott geht mit mir, er verläßt mich nicht, obwohl ich ... Wenn ich es mir recht überlege, gibt das mir auch manchmal zu denken. Denn dieses Versprechen gilt ja auch mir, gilt jedem Menschen. Vor allem macht es mir aber Mut. Auch Jakob hatte die Power, seinen Weg weiterzugehen. Nicht als strahlender Held, sondern als Mensch, der in seinen Fehlern weiß: Gott geht mit.

Siglinde Meyer
(biblischer Bezug: 1 Mose 28,10ff.)

Behinderung/Toleranz/Vorurteil

Textmeditation

Seligpreisungen eines behinderten Menschen

Selig, die arm sind vor Gott;
denn ihnen gehört das Himmelreich.
Selig, die ein reines Herz haben;
denn sie werden Gott schauen.

(Matthäus 5,3.8)

Selig, die Verständnis zeigen
für meinen stolpernden Fuß
und meine lahmende Hand.

Selig, die begreifen, daß mein Kopf
sich anstrengen muß,
um alles aufzunehmen, was man zu mir spricht.

Selig, die mir Zeit lassen und Geduld zeigen,
wenn ich nur mühsam
und umständlich erzähle.

Selig, die zu wissen scheinen,
daß meine Gedanken mal langsam,
mal sprunghaft, mal heiter, mal traurig sind.

Selig, die niemals sagen:
»Was redest du für Unsinn!« oder
»Wie siehst du nur aus!«

Selig, die es verstehen,
Erinnerungen an schöne Erlebnisse
in mir wachzurufen.

Selig, die mir ihre Normen
nicht unermüdlich eintrichtern,
sondern sich an meinem So-Sein freuen.

Selig, die wissen,
daß die Würde des Menschen
nicht von Leistung oder Gesundheit abhängt.

Selig, die wissen,
daß alle Menschen mit Vernunft
und Gewissen begabt sind.

Selig, die mich erfahren lassen,
daß ich geliebt, geachtet
und nicht allein gelassen bin.

Brigitte Huber, nach einem afrikanischen Gebet

(biblischer Bezug: Mt 5,3.8)

Bildmeditation

Weihnachtsbild aus Ghana

Das Weihnachtsbild stammt aus Ghana (K. Addo Osafo). Dieser Holzschnitt ist eine Komposition von Bildzeichen, die nach afrikanischer Tradition Symbole darstellen, Symbole, die die herausragende Bedeutung dieser Geburt beschreiben sollen. So sind Zeichen der Häuptlingswürde bestimmend für dieses Bild:
Der Stuhl, der Schirm, die Speere sowie die beiden Schilde, auch das Blatt im Schnabel des Vogels – ein Blatt von einem seltenen Strauch: alles deutet auf eine Person mit hohem Rang hin. Vögel und Fische waren früher Gewichte zum Abwiegen von Goldstaub. Der Stern weist auf ein Kind hin, das ein hohes Wesen ist. Weitere königliche Symbole sind die ineinander liegenden Kreise.
Auch das Wunderbare der Geburt kommt zum Ausdruck. Die Zickzacklinie am oberen Rand symbolisiert eine Schlange, die ein Palme erklettert: Etwas Unmögliches ereignet sich! Und der Mond ist ein Zeichen für die Aussage: Ohne Gott kann nichts geschehen. Alle diese Zeichen und Symbole haben aber das eine Zentrum: das schwarze Kind, aller Welt und gerade den Schwarzen zum Heil gekommen. Diese Heilsdeutung bringt gerade die Gestaltung des Häuptlingsstuhles zur Geltung:
Er hat die Form des Christusmonogrammes (PX) und bringt damit zum Ausdruck:
Das Kind ist der Retter!

Rudi Forstmeier[5]

5. Nach einer Bildvorlage der Missionsanstalt Hermannsburg, Postfach, 3102 Hermannsburg.

Engel/Glück

Impulstext

Dialog

Er: »Da hast du noch mal Schwein gehabt.«
Sie:«Nein, ich hatte einen guten Schutzengel.«
Er: »Na ja, das ist ja wohl An-sichts-sache.«
Sie: »Ja und Nein, so un-sichtbar wie er ist.«

Rainer Brandt

Eltern/Erwartungen/Jesus/Tradition

Textmeditation

Elternerwartungen (Biblischer Bezug: 4. Gebot, 2 Mose 20,12)

Maria erwartete ein Kind – was sie wohl von diesem Kind erwartet haben mag?
Vielleicht, daß es ein braves Kind wird. Ob da wohl auch dazugehört hat, daß dieses Kind mit den Schriftgelehrten Streitgespräche führt? So etwas gehört sich doch nicht – schon gar nicht für ein Kind ...
Vielleicht hat sie erwartet, daß sich ihr Kind einmal um seine Eltern kümmert, wenn sie mal alt sind. Und dann kann dieses Kind seinen Mund nicht halten, wird als Erwachsener für seine Überzeugung verfolgt und letztendlich umgebracht.
Daß der Knabe dann dauernd unterwegs ist und im Land herumreist, hat sich Maria womöglich auch anders vorgestellt. Eine Frau heiraten, mit ihr eine Familie gründen – ja, das wäre schon eher etwas gewesen. Schließlich will man ja auch Enkelkinder... als so einen Lebenswandel.
Zimmermann hätte er zum Beispiel werden können – so wie sein Vater. Aber nein, stattdessen erzählt er wildfremden Leuten irgendwelche Sachen von einer besseren Welt. Verdienen kann man damit auch nichts Rechtes. O.k., als Arzt ist er zugegebenermaßen nicht schlecht – aber selbst daraus macht er nichts Solides, Zukunftsträchtiges, ‘ne eigene Praxis oder so.
Ein guter Mensch war er schon, das muß man ihm lassen, und: etwas ganz Besonderes sowieso ... ob sie das wohl auch erwartet hat – seine Mutter?

Sabine Schoberth

Leben/Licht/Zuwendung

Aktion

Lebenslicht

»Christus spricht; Ich bin das Licht der Welt. Wer mir nachfolgt, wird nicht in der Finsternis wandeln, sondern er wird das Licht des Lebens haben.«

(Joh 8,12)

Von diesem Anspruch: »Ich bin das Licht der Welt!« will meine Kerze erzählen ...
»... sondern er wird das Licht des Lebens haben.« Das Wort »Lebenslicht« läßt schon ahnen, was es mit diesem Licht der Welt auf sich hat: Wenn das Lebenslicht verlorengeht, tritt der Tod mit seiner Kälte und Starre ein ...

Mögliche Aktion hierzu: Jeder Gottesdienstbesucher hat eine Kerze erhalten (Manschetten oder Servietten dazugeben wegen der Wachstropfen! Abstellmöglichkeiten schaffen oder nur für kurze Zeit anzünden!). Die rechte Hand an der Kerzenflamme wärmen und seinem Nachbarn an die Wange halten: Die Wärme strahlt über auf den anderen, wird spürbar als Zuwendung, Lebensenergie.

Roland Schwarz

Not/Seelsorge/Trost

Besinnung

Mein Herz ist in Ängsten

In der Bibel wird teilweise sehr ehrlich über das innere und innerste Seelenleben von Menschen geschrieben. Sehr offen steht im Psalm 77:
»Ich rufe und schreie um Hilfe, zu Gott rufe ich und er erhört mich. In der Zeit meiner Not suche ich den Herrn; meine Hand ist des Nachts ausgestreckt und läßt nicht ab; denn meine Seele will sich nicht trösten lassen.
Ich denke an Gott – und bin betrübt; ich sinne nach und mein Herz ist in Ängsten.
Meine Augen hältst du, daß sie wachen müssen, ich bin so voll Unruhe, daß ich nicht reden kann.«
Von tiefer Unruhe erfaßt. Eine Unruhe, die den Schlaf raubt. Nicht weil vielleicht gerade viel zu tun ist, sondern eine Unruhe, ein Zweifeln, eine Nervosität, die ganz aus meiner Seele, aus meinem Innersten kommt. Der Kern ist nicht mehr heil, die Perle ist verletzt. In solchen Situationen will ich nur ja

keine gutgemeinten Ratschläge. Kein »Spann doch mal aus« oder »Du solltest etwas kürzer treten«. Damit ist nur das Oberflächliche gemeint.
Was mich dann beseelen kann, ist das Besinnen. Ich sorge für meine Seele, indem ich dem Besinnen Raum und Zeit gebe. Seelsorge für mich heißt, auch hinschauen auf das, was mich erschüttert, verunsichert, verletzt. Es ist gut, das wahrzunehmen. Es ist gut zu fragen: Wo ist Veränderung? Wie kann ich handeln?
Ich besinne mich – mit allen Sinnen – auf das, was mich trägt, mir Kraft und Hoffnung gibt. Wie gesagt – ich brauche da keine guten Ratschläge, aber ich brauche Menschen, die mir nahe sind und mich begleiten. Ich brauche Worte und Erlebnisse der Hoffnung als Balsam für meine Seele. In solchen Augenblicken können mich dann auch andere Psalmverse erreichen.

Siglinde Meyer

Begegnung/Flucht/Hoffnung/Sinnlosigkeit/ Stärkung/Verzweiflung/Wüste

Anspiel

Die Gottesbegegnung des Elia

Gestaltungselemente: Tonkrug, Fladenbrot, Beduinentuch, Kerzen.
Es treten auf:

- SprecherIn (begleitet Handlung und Ablauf)
- Elia (er spricht persönlich von damals und seinen Gefühlen)
- Fragende/r (versucht den Transfer von damals nach heute)
- SprecherIn führt mittels der Gegenstände in die Zeit, den Ort und das Umfeld des Geschehens ein und stellt die Personen, die hier sprechen werden, vor.

Elia: Ich hatte Mut, ich bin für Dich eingetreten.
Zwar mußte ich mich verstecken, aber Du hast für mich gesorgt, mich nicht alleine gelassen. Und dann der große Erfolg, unser großer Erfolg! Dafür hat es sich gelohnt, die drei Jahre zu warten. Ich habe gehofft und geglaubt und es ist eingetreten. Das war der Anfang, ich habe gedacht, es könnte so weiter gehen. Jetzt sitze ich hier – müde. Schon wieder auf der Flucht. Sie wollen mir an den Kragen. Ich höre Deine Stimme nicht mehr; ich habe keine Kraft mehr zu hoffen – ich bin müde.

Fragende/r: Was ist Elia übriggeblieben?
Er hat sich leidenschaftlich für Gott eingesetzt. Und nun? Kostbare Jahre sind vergangen, hat er sie in den Sand gesetzt? Sei-

ne Hoffnung, etwas verändern zu können, endet in der Wüste. Er ist verzweifelt – am Ende.
Ich sehe Elia an. Ich erkenne mich in ihm wieder. Oft frage ich mich:
»Was soll's?« Kann ich etwas verändern? Warum soll ich mich einsetzen?
Allein um der Hoffnung willen?
Hoffnung auf was?

SprecherIn erinnert an damals, wie Elia getröstet, gestärkt wurde, nicht mit Worten, sondern mit Brot und Wasser.

Lesung: 1. Könige 19,2 – 8 (Anmerkung: der Engel spricht »von außen«, z. B. von der Empore)

SprecherIn: Wen sucht Elia? Er geht zum Horeb (Sinai), dem Ort wo Mose und Gott sich begegneten. Elia wird Gott anklagen.

Elia: Ich habe mich für Dich eingesetzt, leidenschaftlich, aber ich wurde von den Leuten nicht gehört. Ich wollte ihnen doch die Augen öffnen und Du hast mich allein gelassen.

Fragende/r: Vielleicht hat Elia zu viel gewollt. Anderen die Augen zu öffnen, wer kann das schon, wenn sie gar nicht sehen wollen?
Elia sehnt sich danach, daß Gott eingreift, und Gott schweigt.
Ja, wo bist Du Gott?
Zeige Dich!
Gib mir ein Zeichen!
Rühr Dich!
Laß mich nicht allein, hilf mir!

SprecherIn: Elia erhält keine Antwort. Aber eine neue Weisung. Er soll hinaustreten zur Begegnung (Elia tritt ab)

Lesung: 1 Könige 19,11-13
(Der biblische Text wird gelesen bis: »... ein großer starker Wind«. Danach wird starke Musik unterlegt, die mit einer Querflöte endet an der Stelle, wo im Text vom Säuseln die Rede ist.)

Fragende/r: Gott ist da, aber er zeigt sich anders als erwartet.
Stille
Ich erkenne mich: Manchmal bin ich gefangen in meinen Erwartungen; dann sehe ich den Wald vor lauter Bäumen nicht. Festgefahren übersehe ich Signale der Hoffnung.

SprecherIn: Elia geht verändert weiter – zurück durch die Wüste. Er hat nicht gefunden, was er anfänglich erwartet hat. Kraft zum Weitergehen liegt außerhalb seiner selbst.

Rainer Brandt, Jutta Schmidt-Brandt, Christine Tröger

Umgang mit Zeit

Anspiel

Hauptsache – es ist nicht umsonst

- Liedtext von Wolf Biermann: »Du, laß dich nicht verbrauchen, gebrauche deine Zeit. Du kannst nicht untertauchen, du brauchst uns und wir brauchen grad deine Heiterkeit.«
- Text zur Zeit aus Michael Endes Roman »Momo«[6]
- Gesprächsszene:
  Du hast zwei Wochen mit ...-vorbereitung verbracht
  diese Zeit dürfen wir wohl als verloren betrachten ...
    ... dafür habe ich sehr interessante und tolle Leute kennengelernt und ich weiß von ... nun sehr viel mehr!
  Zwei Jahre intensiv im ... -Arbeitskreis mitgearbeitet! Alles Unsinn!
    Aber ich habe zahlreiche neue Einsichten gewonnen, Antworten auf Fragen bekommen, die schon lange im Raum standen!
  Ein ganzes Wochenende verplempert für die Freizeit in ... mit der Konfigruppe!
    Warum? Die waren interessierter, als ich dachte, mit denen kann man was anfangen, was Zukunft hat! Es ist wichtig, daß neue Ideen und neue Leute in die Jugendarbeit hineinwachsen.
  Den ganzen Abend Dienst geschoben im offenen Treff, Teller und Gläser gewaschen und den Dreck der anderen weggeräumt, ziemlich vergeudete Zeit ...
    ... habe alle meine – Freunde getroffen, und außerdem gab's ein super gutes irisches Livekonzert, – hat Spaß gemacht! Und in dieser Kneipe bestimmen wir, wie's aussieht!

Gottesdienst-Arbeitskreis der Evangelischen Jugend München

Grenze/Schritte/Tanzen

Impulstext

Schritt über die Grenze

Wage den Schritt
beginne zu tanzen:
dem Teufelskreis entrinnen

6. Michael Ende, Momo, Stuttgart 1973, S. 57.

die Grenzen überwinden –
über die Angst hinaus
das Leben beginnen –
im Rhythmus des Wandels
die Weite empfangen.

Wage zu hören
Musik, die erklingt
Melodie deines Herzens
die in dir singt –
wage den Schritt
beginne zu tanzen.

Wage zu sehen
öffne die Augen
Licht bricht hervor
über'm Horizont –
aus den Tiefen geboren
wage den Schritt
beginne zu tanzen.

Wage Vertrauen
laß' die Angst in dir los
du bist gehalten
so nackt und so bloß –
umhüllt von der Wahrheit
laß dich doch los!

Wage den Schritt
beginne zu tanzen.

Jutta Schmidt-Brandt

Begegnung/Engel/Trost

Impulstext

»Hallo, ich bin's – dein Engel ...«

... ich hab' dich heute Mittag gesehen. Du gingst gerade auf der anderen Straßenseite. Mein Rufen hat leider nichts genutzt – der Straßenlärm war wohl zu laut – oder du so sehr mit deinen Gedanken woanders. Na, auf jeden Fall hast du mich nicht gehört. Und als die Straße endlich frei war, warst du im Menschengewühl verschwunden. Du sahst nicht gerade glücklich aus –

und da hab‘ ich mir gedacht, ich ruf‘ dich einfach mal an – vielleicht freust du dich ja?! Wie geht‘s dir denn so? (...) Ganz gut? Und wer war dann heute Mittag das geknickte Wesen, das ich gesehen hab‘? Hey Mann, ich bin dein Engel – du brauchst mir echt nichts vorzumachen. Ich hab‘ doch keine Tomaten auf den Augen! (...) halt, stop, langsam zum Mitdenken – und, fang doch mal von Anfang an – Engel sind ja schließlich keine Hellseher! (...) Oh Hilfe, sind das etwa Tränen, die da aus meinem Telefonhörer tropfen? Du weißt doch, daß ich das gar nicht haben kann – ich muß doch immer gleich mitheulen – schnief! (...) Nein, du mußt mich deswegen nicht trösten – schließlich bin ich der Engel! Ich find‘s nur so traurig, wenn‘s dir so traurig ist - ähm, verstehst du, was ich meine ...? (...) Du, hör mal, was hältst du davon, wenn wir noch einen miteinander trinken gehen – oder ich komm noch auf‘nen Sprung bei dir vorbei, um dich in den Flügel zu nehmen ...«

Übrigens: Andersherum funktioniert es auch – Engel stehen im Telefonbuch und können angerufen werden – sollten sie doch mal Tomaten auf den Augen haben ...

Sabine Schoberth

Denkmal/Kreuz

Impulstext

Denk Mal

Manche von ihnen haben im Winter eine weiße Mütze auf. Ludwig heißen sie oder Maximilian, und einer heißt Max-Joseph und sitzt vor der Oper. DENKMÄLER nennt man die schon lang toten Männer aus Eisen.

DENKMAL heißen sie , aber sie sollten eigentlich BEWUNDERMAL sein, sollen erinnern an die großen Taten der Herzöge und Könige ... München ist stolz auf seine vielen Denkmäler, viele dieser Herrscher haben an der Stadt erst gebaut, haben sie so schön gemacht.

Da müßte doch ein DENKMAL etwas anderes sein, etwas, wobei man selber noch weiterdenken kann ... Das gibt es nicht bei den Denkmälern Münchens? Gibt es dann gar keine richtigen Münchner Denkmäler?

Mir kommen gerade Kirchtürme viel eher als echte Denkmäler vor.
Nicht alle aus Gußeisen, sondern jeder ein Einzelstück für sich, jeder auch mit seinem ganz eigenen Kreuz.
Das Kreuz ist Anstoß:
DENK MAL ...

Markus Eder

Textmeditation

Orte zum Hören

Manchmal gelingt es mir
nicht nur zu hören
sondern
ganz ein Hörender zu sein.

Dann registriere ich nicht wie sonst
mit meinen Ohren
Töne, Worte
Gedudel
Gerede
Lärm
Geräusche
als Kulisse meines Lebens

sondern
sammle alles
was ich bin
und pole es
auf das ein
das es nun zu tun gilt:

Zu hören
zu empfangen
aufzunehmen
Antenne zu sein

Manchmal inhaliere ich dann Musik
mit meinem ganzen Körper
durch alle Poren lasse ich
Wellen in mich dringen
die mich überspülen
und verschlingen
wie in einem Strudel
oder auch wiegen
mit ihrem flachen Geplätscher

Machmal trifft mich dann
das Gesumme
einer Biene

in ihrem Flug
von Blüte zu Blüte
wie eine wunderbare
Melodie

und ich meine
ihren Gesang
zu verstehen

Manchmal vernehme ich dann
in deiner Stimme
Obertöne der Freude
und Untertöne
des Schmerzes

Manchmal sitze ich dann
in einer Oper
und fühle
wie das Haus sich füllt
mit Akkorden
wie Harmonien
mich einbeziehen
wie Dissonanzen
mich schmerzen
die Lieder
erklingen in mir
der Dirigent
gibt den Takt
auch für mich

Dann vernehme ich
unter Menschen
bei einem Gespräch
in einem Raum
beinahe physisch
hörbar
das Geknister der
Sympathie
und Antipathie

Ich bin glücklich
daß ich hören kann

Gunther Fröhlich[7]

7. Nach einem Text von Alois Albrecht, Fundort unbekannt.

Asyl/Flucht/Weihnachten

Anspiel

Flucht nach München – Ein Weihnachtsspiel nach Matthäus 2,13-15

Die folgende Szene wurde bei einer Weihnachtsfeier 1991 mit Asylbewerbern gespielt.
Die biblische Geschichte wird vorgelesen.
SprecherIn: »Wir wissen nicht, wie es der Heiligen Familie, also den Flüchtlingen Josef, Maria und dem Jesuskind in Ägypten gegangen ist. Lassen wir sie nach München kommen und stellen wir uns vor, wie würde es ihnen bei uns gehen!
»Ah, da kommt die Heilige Familie, begleitet sogar von zwei Engeln.« Die Heilige Familie kommt mit dem Radl.
1. Polizist: »Hallo, Sie! Wer sind Sie? Ausweispapiere!«
Josef: »Ausweispapiere, was ist das? Ich bin Josef, das ist meine Frau Maria und das Jesuskind.«
Maria: »Wir sind auf der Flucht vor Herodes. Er will unser Kind töten.«
2. Polizist: »Herodes? Den kennen wir nicht. Davon ist uns nichts bekannt. Das ist nur eine Ausrede.«
1. Polizist (zu den Engeln): »Und wer sind Sie? Familienangehörige?«
1. Engel: »Sind Sie etwa blind, Mann?«
2. Engel: »Wir sind Engel, wir beschützen die Heilige Familie.«
1. Polizist: »Ach du lieber Himmel! Das hat uns noch gefehlt. Gerade zu Weihnachten kommen Sie auch noch.«
2. Polizist: »Wir sind für euch nicht zuständig. Ihr gehört in die Kirche.«
1. Polizist: »Naa. Die wollen doch Asyl bei uns. Bei der Kirche sind sie nicht richtig aufgehoben. Sie müssen zum Kreisverwaltungsreferat.«
– Die Heilige Familie und die Engel bedanken sich und verabschieden sich mit »Schalom«
1. Polizist: »Halt! Noch etwas, woher habt Ihr den Drahtesel? Ist der etwas gestohlen?«
Josef: »Nix gestohlen. Die Heiligen Drei Könige haben uns das Radl gebracht.«
1. Polizist: »Das kann jeder sagen. Habt Ihr eine Urkunde? Ein Papier?«
Maria zeigt die Schenkungsurkunde.
2. Polizist: »Jetzt müssen wir noch das Licht überprüfen. Ist Euer Licht in Ordnung?«
Josef zündet die am Radl angemachten Wunderkerzen an.
2. Polizist: »OK. Jetzt begleiten wir euch zum Kreisverwaltungsreferat.«
KVR wird nur mit einem Schild angedeutet. Da sitzt eine Beamtin. Die Heilige Familie und die Engel wollen gleich reingehen.

1. Polizist: »Nicht so eilig! Ihr müßt Euch gedulden. Diese da (zeigt auf das Publikum) wollen zuerst rein. Sie alle müssen warten.«
Maria (fragt das Publikum): »Lassen Sie uns bitte mit dem Kind vor?«
Sie gehen hinein und grüßen.
Maria und Josef: »Schalom.«
Beamtin: »Grüß Gott. Was wollen Sie denn?«
Maria: »Wir sind die Heilige Familie und wollen Asyl beantragen.«
Beamtin (zu den Engeln): »Und Sie auch?«
Die Engel schweigen und nicken.
Beamtin: »Engel oder Heilige, uns ist alles wurscht. Alle müssen sich an die Verwaltungsabläufe halten. Oh Gott, oh Gott. Uns reicht's, wenn die Flüchtlinge aus allen Ländern zu uns wollen. Jetzt kommen welche auch vom Himmel. Himmel, Herrgott noch einmal! Ich kann darüber nicht allein entscheiden.«
Beamtin (ruft an): »Hier Frau Appenzeller, guten Tag, Herr Ulm. Bei mir sind so komische Eheleute mit Kind erschienen. Sie behaupten, sie sind die Heilige Familie. Aha, ja, ja ... Wir müssen sie dulden ... Ja, ja, schon gut. Wir sind schließlich ein christliches Land. Ja, ja. Herr Ulm, noch etwas, da sind noch zwei Engel, ziemlich vergammelt. Ich würde in diesem Falle die Abschiebehaft veranlassen und sie möglichst schnell wegfliegen lassen ... Nein? Sie meinen, sie können sich hier nützlich machen? Ah, ja, wie Sie meinen, Herr Ulm. Auf Wiedersehen!«
Beamtin zu der Heiligen Familie: »So, jetzt bekommen Sie eine Aufenthaltsgenehmigung und Überweisung in eine Unterkunft. Das ist ein schikkes Hotel ›Zur himmlischen Ruhe‹ in der Gammelsdorferstraße. Dort können Sie es sich bequem machen und sich ausruhen, bis die Formalitäten mit der Anerkennung erledigt werden. Alles Gute, Schalom.«
Maria und Josef: »Danke schön. Auf Wiedersehen.«
Sie gehen.
Beamtin zu den Engeln: »Was soll ich denn mit Euch? Ihr werdet Sozialhilfearbeit machen.«
Die Beamtin gibt ihnen zwei Besen und teilt ihnen die Arbeit zu.
SprecherIn: »Die Heilige Familie hat keine Zeit, sich nach ihrer langen, gefährlichen Flucht auszuruhen. Denn sie muß von Amt zu Amt rennen. Jetzt gehen sie gerade zum Sozialamt.«
Sozialamt wird mit Schild angedeutet. Da sitzt eine Beamtin:
Maria und Josef: »Grüß Gott!«
Beamtin: »Grüß Gott! Wie laufen Sie da rum, in solchen Klamotten? Sie entfremden so unsere Kultur. Suchen Sie sich etwas Anständiges, Hübsches aus!« (Sie zeigt auf die Klamottenkiste.)
Die Heilige Familie wühlt in der Kiste und probiert die Sachen an. Die Engel kommen auf die Bühne.

1. Engel: »Dürfen wir bitte telefonieren?«
Beamtin: »Ja, bitte.«
2. Engel: »Hallo, hallo, sind wir richtig verbunden? Mit dem Himmel? Hier sind die Engel, die die Heilige Familie beschützen. Können wir bitte mit Herrn Gott sprechen?
Herr Gott? Grüß Gott! Wir möchten Ihnen sagen, daß wir die Heilige Familie hier nicht schützen können. Wir können das alles nicht verhindern, was sie hier erleben müssen.«
SprecherIn: (zum Publikum) »Was meinen Sie, was Gott zu den Engeln gesagt hat?«

Anica Keerl

Einmaligkeit/Weg

Meditation

Wohin gehe ich?

Auf einem Weg sind wir eigentlich immer, mal mehr und mal weniger.
Leben an sich ist Bewegung und wird fast immer als ein Weg beschrieben.
Und immer wieder stellt sich die Frage:
Wohin gehe ich? Wohin will ich gehen?
Der Lebensweg eines einzelnen ist manchmal steinig und beschwerlich
und dann wieder ist er sonnig, unbeschwert und angenehm.
Manchmal müssen wir zurückgehen oder zurückblicken,
um erneut wieder vorwärts gehen zu können,
um den nächsten Schritt nach vorne machen zu können.
Dies trifft auch auf den Glaubensweg eines jeden einzelnen zu,
der ja nicht abgetrennt vom jeweiligen Lebensweg zu sehen ist.
DEINEN LEBENSWEG
Den Weg, den du vor dir hast, kennt keiner.
Alle müssen ihren Weg selbst und letztlich alleine gehen.
Es ist ein spannendes Abenteuer,
und wer hat es sich nicht schon einmal gewünscht, in die Zukunft blicken zu können und zu
wissen, was da so auf einen zukommt.
Aber dann ginge die Spannung, die Neugierde oder Vorfreude auf das, was da kommt,
verloren.
Sicher bei schwierigen Entscheidungen, wäre es vielleicht hilfreich, schon mal vorauszusehen, um zu wissen, was richtig ist.

Jedoch denke ich,
oft gibt es gar kein Richtig oder Falsch,
sondern nur die Frage:
kann ich mit meiner Entscheidung leben und damit umgehen
und das Beste daraus machen
und habe ich das kleine Quentchen Zuversicht,
daß dieser Schritt richtig war.
Es ist, wie wenn du an einer Weggabelung stehst,
jeder Weg, der sich anbietet hat etwas Sonne,
aber auch Regen und Steine,
nur Sonne wird es selten geben.
Du kannst dir Freunde als Wegbegleiter für ein Stück deines Lebensweges mitnehmen.
Sie können Berater an den Weggabelungen sein,
gehen jedoch mußt du ihn selber.
Du darfst dich auch mal auf einem Holzweg oder Irrweg befinden,
nur so kannst du herausfinden,
was gut für dich ist und was nicht.
Du darfst Umwege machen,
über einen Berg gehen, anstatt den einfachen Weg im Tale zu wählen,
oder du kannst ganz neue Wege gehen.
Du kannst in andere Fußstapfen treten als deine Eltern, Freunde
oder wer sonst, der dir einen Weg weisen möchte.
Es ist dein Weg, – du mußt ihn gehen
Noch nie wurde dieser Weg gegangen, – wie du ihn gehen wirst.
Es ist wie eine Erstbesteigung auf einen Berg
Es ist deine ganz persönliche Route – unauswechselbar.
Und nimm dir die Zeit, die du für diesen Weg brauchst,
laß dich nicht hetzen,
höre auf deine innere Stimme,
und du wirst herausfinden, welches Tempo für dich richtig ist.

Und auch wenn es nicht immer einfach ist,
einer wird immer eine schützende Hand über dich halten.

Christine Tröger

Aktion

Erste Schritte im Neuen Jahr

Es ist immer mal wieder notwendig stillzustehen,
um reflektieren zu können, auf welchem Wege wir eigentlich sind.
Das Jahr ist zwar schon zwei Wochen alt,
und doch ist es vielleicht die Zeit,
um nochmal zurückzublicken,
sich anzusehen, was im letzten Jahr war.
Und dann nach vorne zu blicken
und sich bewußt machen, wohin man im neuen Jahr gehen möchte,
was man sich für das neue Jahr wünscht,
was man nicht mehr oder anders machen möchte.
Wir wollen diese ersten Schritte im Neuen Jahr gemeinsam gehen,
unsere gemeinsamen Grundlagen feiern
und unsere Unterschiede neugierig betrachten.
Zwischen Gemeinsamkeit und Eigenständigkeit sind wir unterwegs zu einer lebendigen
Kirche, jede/jeder von uns innerhalb ihrer/seiner Kirche.
Aber wie sieht dieser Weg aus, der Weg von jungen Christen, die unterschiedlichen Kirchen
angehören?
Gibt es einen gemeinsamen Weg?
Und wollen wir einen gemeinsamen Weg gehen?
Wollen wir Wegbegleiter sein oder geht doch jede/jeder seinen/ihren eigenen?
Im nächsten Schritt möchten wir, daß ihr euch in Gruppen aufteilt
und euch gegenseitig mitteilt,
auf welchem Weg ihr euch innerhalb eurer Kirche befindet
und wohin ihr gehen wollt.
und welche Wünsche ihr an eure Kirche habt.
Können wir etwas von den anderen lernen?
Akzeptieren wir jede/jeden in seiner Unterschiedlichkeit
und gibt es einen gemeinsamen Weg?

Christine Tröger

(Kann eigenständig oder im Anschluß an den vorangegangenen Text verwendet werden)

Steinmeditation

Unverwechselbar

Ich möchte euch einladen, daß sich jeder/jede einen Stein raussucht.
Ihn befühlt, vielleicht auch einmal die Augen zumacht, um sich ganz auf die Eindrücke der Finger und der Hände zu verlassen.

Zunächst ist es nur ein Stein, einer von vielen, die hier in der Mitte lagen,
und doch ist jeder anders,
fühlt sich anders an,
ist anders im Aussehen und in der Form,
so wie auch jeder von uns anders aussieht.

An manchen Stellen ist er abgerundet,
woanders sind vielleicht spitze Ecken oder Kanten,
an denen man sich stoßen kann.
Oder er hat eine rauhe Oberfläche, an denen man sich reiben kann,
an anderen wieder ist er glatt und sanft.

Jeder Stein ist unverwechselbar und hat sein eigenes Profil.

Auch wir haben Ecken und Kanten, an denen sich die anderen stoßen oder reiben können, und nicht immer ist es angenehm, aber das gehört dazu.
Dafür gibt es ja auch noch die weichen und angenehmen Seiten.

Ich kann, wie der Stein sein, der ins Rollen kommt, etwas ins Rollen bringt.
Ich kann ein Stein sein, der im Weg liegt und mir und anderen den Weg versperrt.
Oder ich kann der kleine Kiesel sein, der sich in den Schuh verirrt hat und mir das Laufen unangenehm macht.
Aber vielleicht ist es ja auch gut, einmal eine Pause zu machen, sich den Schuh auszuziehen
und den Weg, den man zurückgelegt hat, noch einmal anzusehen,
um sich zu vergewissern, daß es noch der richtige ist.

Ich kann aber auch der Stein sein, der weich ist,
um sich zum Beispiel von den Wogen des Wassers tragen zu lassen,
sich umspülen zu lassen und dadurch seine Form zu verändern,
sich aufbrechen zu lassen, um für neue Dinge offen zu sein.

Ich möchte, daß mich die anderen so wie den Stein begreifen, erkennen,
mit den Kanten und Ecken genauso wie mit den glatten Flächen, denn beides macht mein Leben und meine Person aus.

Ohne Kanten und Ecken wären wir nur langweilig, und ohne die sanften und glatten Flächen sicherlich unerträglich für uns und andere.

Das Zusammenspiel beider Seiten macht den Stein aus, macht uns aus.
Die Zusammensetzung aus beiden, den kantigen und sanften Seiten, macht unsere je ganz individuelle Persönlichkeit aus, unser ganz eigenes Profil.
Laßt uns die Ecken und Kanten sowie die sanften Seiten entdecken,
damit wir den anderen gerecht werden können.

Christine Tröger[8]

Licht/Perspektivenwechsel/Spiegel/Wahrheit

Aktion

Was ist die Wahrheit? – Erfahrungen

(Material: für jede/n einen kleinen Spiegel und Namensschilder, außerdem eine Kerze auf dem Altar in einem sonst dunklen Raum)

1. Nehmt euren Spiegel und versucht das Licht der Kerze einzufangen.
   Die Kerze ist die Wahrheit.
   Der Spiegel ist unsere Sichtweise
   das Licht im Spiegel ist unsere Sichtweise von der Wahrheit,
   nichtsdestoweniger ist es nicht die Wahrheit, die wir in unserem Spiegel sehen, sondern nur eine Reflexion der Wahrheit,
   ein Bruchteil der Wahrheit.
2. Nun versucht mit eurem Spiegel das Licht im Spiegel des anderen/der anderen einzufangen und zu sehen. Ihr könnt dazu auch aufstehen, euch bewegen.
   Zunächst muß ich meinen Standort wechseln, um zu sehen, welche Sichtweise mein Nachbar, meine Nachbarin von »der Wahrheit« hat. Erst wenn ich mich bewege, ist eine Annäherung möglich, und trotzdem bin ich der Wahrheit nicht näher. Ich habe nur die Sichtweise des anderen durch meine wahrgenommen und eine neue Facette von Wahrheit kennengelernt.
3. Schaut euren Namen im Spiegel an, er ist spiegelverkehrt.
   Schaut den Namen eurer/s Nachbarn/Nachbarin im Spiegel an, auch er ist spiegelverkehrt.
   Versucht zu zweit mit Hilfe des zweiten Spiegels, den Namen richtig zu lesen.

8. Nach einer Steinmeditation von Dieter Barth, aus: Jutta Schnitzler-Forster (Hg.), ... und plötzlich riecht's nach Himmel, Ostfildern 1995.

So wie mit dem Namen, den ich zunächst verkehrt herum sehe, ist es, wenn ich neuen Menschen in einer Gruppe begegne. Ich sehe jemanden durch meine Augen, mit meiner Sichtweise, erst wenn der/die andere antwortet, mir begegnet, mir etwas von sich erzählt, habe ich eine Chance, ein richtiges, wirkliches, wahrhaftiges Bild zu bekommen. Ich brauche den Spiegel, die Sichtweise meines Gegenübers, um ihn/sie zu erkennen bzw. kennenzulernen, aber auch, um mich selbst besser kennenzulernen, mich selbst zu finden. Nur in der Gemeinschaft kann ich mich verändern, wachsen, durch die Sichtweise, den Spiegel meiner Mitmenschen.

Christine Tröger

Schenken/Zeit

Aktion

Zeit zu verschenken

Meditative Musik

Weihnachten war ja gerade, und wohl jede und jeder von euch hat Geschenke gemacht oder auch Geschenke bekommen. Hat sich darüber gefreut oder war auch enttäuscht über das eine oder andere Stück. Aber es gibt ja nicht nur materielle Geschenke, sondern auch ideelle. So ein ideelles Geschenk sind z. B. 20 Minuten Zeit, um einen Brief an einen lieben Menschen zu schreiben. Briefpapier und Umschläge sowie Briefmarken sind vorhanden. In einer Zeit der totalen Hektik, unerwartet auf einmal Zeit zu haben. Und eine gute Gelegenheit noch jemanden, der mir sehr wichtig ist, noch einen Weihnachtsbrief zu schreiben, der wohl sonst erst nach Weihnachten geschrieben worden wäre – dazu sollt ihr jetzt Gelegenheit haben.

Nach einer Idee von Stephanie Zimmer und Günter Mrotzek

Ewigkeit/Schenken/Zeit

Aktion

Zeitgutscheine

Meditative Musik

Text

Es war einmal ein Mann, der sich durch nichts von seinen Mitmenschen unterschied. Wie die meisten lebte er mehr oder weniger gedankenlos vor sich hin. Eines Tages aber sprach ihn ein Unbekannter an und fragte, ob er »Zeitgutscheine« wolle.
Weil der Mann gerade nichts zu tun hatte und ohnehin eine gewisse Langeweile spürte, ließ er sich auf ein Gespräch ein und wollte wissen, was denn diese Zeitgutscheine seien. Statt einer Antwort zog der Unbekannte ein Bündel verschieden großer Scheine hervor, die wie Banknoten und doch ganz anders aussahen: »Deine Lebenszeit«, erklärte der geheimnisvolle Fremde kurz. »Wenn du alle Gutscheine angelegt hast, ist es Zeit zu sterben.«
Bevor der überraschte Mann eine Frage stellen konnte, war der andere verschwunden. Neugierig und erstaunt blätterte der Alleingelassene in dem Bündel. Zuerst kam ihm der Gedanke, die genaue Dauer seines Lebens zu errechnen, und ihn schauderte, als er die Zahl der Jahre und Tage vor sich hatte. Dann begann er eine Einteilung zu überlegen, und machte kleine Stöße von Scheinen entsprechend seinen Absichten. Zwar wollte er für Kegelabende und Fernsehen eine große Zahl von Stunden-Scheinen bereitlegen, mußte aber zu seinem Bedauern bald feststellen, daß alleine durch Essen und Schlafen eine unglaubliche Menge von vorneherein gebunden war.
Tagelang war er damit beschäftigt, seine Zuwendungen an Lebenszeit immer neu zusammenzustellen, um sie bestmöglich zu nützen. Jedesmal, wenn jemand ihn dabei störte oder gar etwas von ihm wollte, sah er im Geiste einen seiner kostbaren Scheine verlorengehen und sagte nein, seine Zeit hatte er nicht zu verschenken!
So wachte er eifersüchtig und geizig über die Gutscheine. Als ihm endlich eine perfekte Widmung der Stunden, Tage und Jahre gelungen zu sein schien, war plötzlich der Unbekannte wieder da: Ob er denn von Sinnen sei, fragte er, nahm einen der Scheine, drehte ihn um und hielt ihn dem erstaunten Mann vor die Augen. zum erstenmal entdeckte dieser einen Hinweis auf der Rückseite, daß die Zeitgutscheine in Ewigkeit umgewandelt werden können. Wer sie jedoch nicht in diesem Sinne umsetze, verspiele sein Leben.
Aber da war der Fremde auch schon wieder verschwunden, und der Mann

neuerlich alleine mit einem erregenden Geheimnis – auf welche Weise war der begrenzte Schatz an Zeit in grenzenlose Ewigkeit zu verwandeln? ...[9]

Meditative Musik

Ich habe hier keine Zeitgutscheine für euch, aber ich habe kleine Merkzettel für alle, auf denen ihr Dinge aufschreiben könnt, für was ihr Zeit verschenken möchtet, euch selbst oder anderen.
Sie können z. B. im Terminkalender stecken, und immer, wenn es besonders dicke kommt, nehmt ihr euch einen heraus. Da kann z. B. stehen: ich lade jemanden zum Abendessen ein, ich nehme mir die Zeit für einen Anruf bei einer/m netten Freundin/Freund, ich lege mich mit einem guten Buch bei Musik und Kerzenschein für eine halbe Stunde in die Badewanne, ich stehe von meinen Büchern auf und mache einen kurzen Spaziergang, um den Kopf wieder frei zu bekommen usw. Es sind für alle genug Zettel da.

(Zeit lassen, damit alle schreiben können, was sie möchten)

Christine Tröger

Meditation/Phantasiereise/Schöpfung/Stein/Wahrnehmung

Meditation

Steinmeditation und Steinmusik

Die TeilnehmerInnen sitzen im Kreis und schließen die Augen. Jede und jeder bekommt einen Stein in die Hand. Alle Steine sind in Form, Größe und Aussehen verschieden, allerdings mindestens so groß wie eine Kinderfaust.

»Nimm deinen Stein in eine Hand und spüre sein Gewicht ...
Spüre, wie er sich anfühlt ... möglicherweise ist er recht kalt ...
spüre seine Form: an manchen Stellen ist er rund, vielleicht eingebuchtet ...
an anderen Stellen ist er vielleicht eckig, kantig ...
Du kannst die andere Hand zur Hilfe nehmen, um seine Form und Oberfläche zu ertasten: es gibt Stellen, wo dein Stein ganz glatt ist, vielleicht ist seine Oberfläche auch ganz rauh, vielleicht entdeckst du Muster ...
Wie groß ist dein Stein? Kannst du ihn mit einer Hand umschließen oder eher mit beiden Händen?...
Halte ihn mal an deine Nase und nimm seinen Geruch wahr ... Der Geruch sagt dir möglicherweise mehr über seine Herkunft ...

10. Andreas Laun OSFS, Das Märchen von den Zeitgutscheinen, in: Licht – Salesianische Zeitschrift zur Lebens- und Glaubenshilfe, 66. Jahrg. (1979), Nr. 4, S. 14-15, Franz Sales Verlag, Eichstätt.

Du bist neugierig: Wo mag dein Stein herkommen? Wo lag er zuletzt und wie ist er dorthin gekommen? ... Er hat sicher eine lange Geschichte zu erzählen ... Was er wohl schon alles erlebt hat ...
im Kontakt mit dem Wasser ... mit Schnee und Eis ... mit Wind und Sturm ... mit Erde, mit Pflanzen ... mit Tieren ...vielleicht auch irgendwann mal mit Feuer ...Wie alt mag dein Stein sein? ... Sicher sehr sehr viel älter als du selbst ... wobei er sicher mal ganz anders gewesen ist und sich im Laufe seiner Zeit sehr verändert hat.
Du bist neugierig geworden und möchtest gerne mehr wissen über deinen Stein ... über seine Geheimnisse ... wie mag er ausschauen ... innen drin, wenn man in ihn hineinschauen könnte?
Doch dann müßtest du ihn ja aufbrechen, zerbrechen ... und das willst du nicht.
Es ist gut, daß er seine Geheimnisse hat, so, wie du auch deine hast, tief in dir drin ...
Du spürst nun, daß dein Stein in deiner Hand wärmer geworden ist ... ein Teil von deiner Wärme ist auf ihn übergegangen ... es ist eine Beziehung entstanden zu deinem Stein ... Du hast ihn zumindest so gut kennengelernt, daß du ihn sicher wiedererkennen würdest unter vielen anderen Steinen ...
Spür ihn nochmal ... und dann gib ihn deinem linken Nachbarn, deiner Nachbarin in die Hand ...

Du lernst nun einen neuen Stein kennen ...
Er fühlt sich ganz anders an ...
Du möchtest vielleicht auch ihn näher kennenlernen ...
Doch leider ist die Zeit gekommen, auch ihn weiterzugeben ...

Und du bekommst einen neuen Stein in die Hand, der sich wieder ganz anders anfühlt ...
Schade, daß du ihn bald weitergeben mußt, auch ihn würdest du gerne näher kennenlernen. Doch du merkst, daß dies Zeit braucht ...

Du gibst nun jedesmal ganz langsam den Stein, den du gerade in der Hand hast, weiter und bekommst einen neuen ... und spürst immer ganz genau hin ...
Irgendwann kommt dein Stein wieder zu dir und du erkennst ihn wieder und behältst ihn in der Hand.

Dann kannst du die Augen aufmachen und dir deinen Stein ansehen, ob er so aussieht, wie du ihn dir vorgestellt hast ... Du entdeckst sicher wieder Neues, Erstaunliches an ihm ...

Zum Schluß gebe ich euch jetzt einen zweiten Stein und wir können zusammen eine Steinmusik spielen. Ich beginne mit einem Rhythmus, und der Reihe nach stimmt ihr in den Rhythmus ein, auf eure Art, bis wir alle zusammen klingen. Dann höre ich auf, und so hört jeder der Reihe nach wieder

auf, bis nur noch wenige und dann zum Schluß nur noch der Rhythmus rechts neben mir zu hören ist.
Es ist schön und sehr viel intensiver, wenn man dabei die Augen schließt.

Besonders schön ist so eine Steinmusik nachts oder in einer Höhle.

Anke Schlehufer

Gelassenheit/Meditation/Phantasiereise/Schöpfung/Wasser

Meditation

Wassermeditation

Setz dich oder lege dich ganz bequem und schließe die Augen ...
Lasse deinen Atem kommen und gehen ... bis er ruhig und regelmäßig dahinfließt durch deinen ganzen Körper ...
Dein Atem ist wie ein Fluß, der in dich hineinströmt und wieder hinausströmt ...
Du spürst, wie dein Körper sich entspannt, wenn der Atemstrom so durch ihn hindurchfließt ...
So wie die Luft durch dich hindurchfließt und dich am Leben hält, fließt auch das Wasser durch dich.
In Gedanken siehst du vor dir einen Fluß und schaust hinein in das Wasser.
Du schaust dem Wasser zu, wie es fließt und durch nichts aufgehalten werden kann ... Es ist beruhigend, dem Fließen zuzuschauen und sich dem Fluß hinzugeben ...
Du läßt dich vom Fluß tragen und läßt dich treiben. Es ist ein gutes Gefühl.
Manchmal ist der Fluß schmaler und wilder, dann wieder ruhiger und breiter ... Mal mußt du dich mehr auf das wilde Wasser konzentrieren und ganz bei dir sein, und dann kannst du dich wieder in Ruhe tragen lassen, die Landschaft an dir vorüberziehen lassen und die Zeit für eine Weile vergessen ...
So läßt du dich vom Wasser tragen und kannst dem Fluß folgen bis zum Meer ...
Weit ist das Meer, so weit, daß du dich in ihm verlierst ...
Als Wassertropfen verwandelst du dich, vor allem wenn die Sonne scheint, irgendwann in Wasserdampf und steigst mit der warmen Luft auf ...
Irgendwann, dort wo es weit oben wieder kälter wird, wirst du mit vielen anderen Wassertropfen zusammen zu einer Wolke verdichtet ...
Wenn die Wolke ganz schwer ist vom Gewicht des Wassers, kehrst du als lebensspendender Regen auf die Erde zurück ...
Du fließt auf dem nassen Boden ... in den Boden hinein, in unterirdische Gänge, die immer größer werden ...

Du fließt durch Höhlensysteme, die du als Wasser immer weiter formst ... und sammelst dich in unterirdischen Seen ...
Und irgendwann trittst du plötzlich ans Tageslicht ... Du bist jetzt eine Quelle, die allen Durstigen Wasser zum Leben schenkt, und du sprudelst munter dahin ...
Mal bist du ein kleiner Wiesenbach ... manchmal kommst du auch als tosender Wasserfall aus dem Berg heraus und fällst hinab in die Tiefe ...
Alle ernähren sich von dir ... nehmen dich auf und geben dich wieder ab ... und der Kreislauf beginnt von neuem ...
Du fließt und mit dir fließt alles Lebendige ... wächst und verwandelt sich ... geht dahin und kommt wieder ... strömt hinein und wieder hinaus ... wird aufgenommen und wieder abgegeben ...
Das Wasser ist wie dein Atem. Die Eigenschaft des Wassers, des Atems, des Lebens ist das Fließen. Du brauchst es nicht festhalten, es ist immer da, es verwandelt sich nur ... Nimm es so, wie es ist, laß es fließen und gib dich dem Fluß hin ... Es gibt dir viel Gelassenheit und Kraft.
Diese Kraft und Gelassenheit ist immer ganz tief in dir ... Und du spürst, daß du sie mitnehmen kannst in dein Wachbewußtsein, wenn du jetzt langsam die Augen öffnest.

Anke Schlehufer

Baum/Meditation/Schöpfung/Wahrnehmung

Meditation

Baumsein

Stellt euch etwa hüftbreit hin, die Knie etwas angewinkelt, so daß ihr einen guten Kontakt zum Boden habt.
Laßt die Arme locker hängen, entspannt eure Schultern.
Am oberen Teil eurer Brust hängt ein feiner Silberfaden, der euren Oberkörper sanft zum Himmel zieht.
Es ist ein angenehmes Gefühl, so aufrecht zwischen Himmel und Erde dazustehen.
Ihr spürt, wie euer Atem leicht und regelmäßig durch euch hindurchfließt.
Stell dir nun in Gedanken einen Baum vor, einen Baum, den du gut kennst, einen Baum, den du schön findest.
Schau dir diesen Baum gut an: Wie sieht er aus, wie ist seine Gestalt?
Ist er groß oder klein, schmal oder ausgebreitet, rund oder eckig ...?
Steht er frei in der Landschaft oder mit anderen Bäumen zusammen in einem Wald?

Während du dir in Gedanken deinen Baum vorstellst, beginnt dein Körper wie der Baum zu werden. Du schlüpfst in die Gestalt des Baumes und fängst an, dich durch die Äste des Baumes auszudehnen ...
Mit deinen Ästen wächst du nach oben und zur Seite in den Himmel und wirst so groß wie dein Baum. Deine Füße wachsen in die Erde hinein und breiten sich aus als Wurzeln, die dir Halt geben ...
Du spürst, wie der Wind durch deine Blätter weht und du dich ganz sanft im Wind bewegst ... In deinen feinen Ästen bist du ganz weich und biegsam und läßt den Wind mit deinen Blättern spielen. Auch wenn der Wind stärker bläst, kann er dir nichts antun, weil du seiner Kraft nachgibst. Durch deinen Stamm und deine Wurzeln hingegen bist du stark und standhaft. Da mag der Wind zum Sturm werden, du stehst fest verwurzelt in der Erde ... Spüre, wie du dich im Sturm fühlst ... Und genieße es, wenn der Sturm langsam wieder nachläßt ...
Nun fühlst du, wie der Herbst und der Winter vorübergehen und langsam der Frühling kommt. Die Sonne beginnt wieder länger zu scheinen, du spürst ihre Wärme und Energie auf deinen kleinen Ästen, wie sie an deinen Knospen kitzelt und überall frische grüne Blätter hervorlockt. Deine Blätter breiten sich zur Sonne hin aus und nehmen ihre Energie auf. Während sie atmen, wandeln sie diese Sonnenenergie in süße Nahrung um.
Gleichzeitig saugen deine Wurzeln mit ihren vielen kleinen Wurzelhärchen Wasser und Nährelemente aus dem Boden.
Es ist ein wunderbares Gefühl, von allen Seiten versorgt zu werden: von oben durch die Sonne und die Luft, von unten durch die Erde und das Wasser.
Du nimmst dir das, was du brauchst zum Wachsen, es ist genug da. Und du spürst, wie du ganz langsam wächst, Tag für Tag ...
Du wächst ganz auf deine besondere Art und bist gleichzeitig mit allem um dich herum verbunden: mit der Sonne und der Luft, mit dem Wasser und der Erde und durch deine Wurzeln auch mit allen anderen Bäumen und Pflanzen in deiner Nähe. Du bist auch mit vielen Tieren verbunden, denn du bietest ihnen Nahrung und Schutz ... Als Baum produzierst du eine Menge Sauerstoff und versorgst so die Tiere und die Menschen mit frischer Luft. Du spürst, wie wichtig du bist für das Leben rings um dich herum und du freust dich darüber ...
Du kannst nun langsam wieder deine menschliche Gestalt annehmen, ohne jedoch das Gefühl, ein Baum zu sein, ganz aufzugeben ...

Anke Schlehufer

(Bei den vorangegangen Meditationen bitte auf die Umgebung achten!)

Gemeinsam feiern (C)

Abendmahl/Hoffnung/Leben

Abendmahlsliturgie

Geteilte Hoffnung – geteiltes Leben

Lied: Kommt, wir teilen das Brot am Tisch des Herrn (EG 579)

Gebet über Brot und Wein

Gott, Du Quelle allen Lebens
Laß Deine Kraft in unser Leben fließen.
Verbinde und verbünde uns
mit allem Lebendigen.
Genährt von Deiner Erde
preisen wir den Himmel, der uns blüht.

Lobgebet

Mitten in Hunger und Krieg
feiern wir, was verheißen ist: Fülle und Frieden.
Mitten in Zweifel und Verzweiflung
feiern wir, was verheißen ist: Glauben und Hoffnung.
Mitten in Furcht und Verrat
feiern wir, was verheißen ist: Freude und Treue.
Mitten in Haß und Tod
feiern wir, was verheißen ist: Liebe und Leben.
Mit allen Völkern preisen wir Dich, Gott
und singen Dir Dein Lied.[1]

Lied: Laudate omnes gentes (EG 181.6)

Einsetzungsworte: aus dem 1. Korintherbrief 11,23-25

Geheimnis des Glaubens:
Deinen Tod, o Herr, verkünden wir und Deine Auferstehung preisen wir bis Du kommst in Herrlichkeit.

Vaterunser

1. Auszug aus: Weltkirchenkonferenz in Vancouver 1984.

Einladung zum Abendmahl

Jesus kam nicht zu richten, sondern aufzurichten.
Wo er war, begannen Menschen freier zu atmen.
Gedemütigte wagten neu aufzuschauen.
Er beschrieb den Himmel und holte ihn zugleich auf die Erde.
Er lädt uns ein, jetzt Brot und Wein/Saft zu teilen:
Reich Gottes mitten unter uns.
Geteilte Hoffnung – geteiltes Leben.

Zur Austeilung:
Lied: Meine Hoffnung und meine Freude (EG 697)

Dankgebet

Gott – in der Kraft dieses Mahles
führe Du uns in die Weite.
Erlöse uns von allen Vorschriften,
auf die wir einander festlegen.
Beflügle uns mit Deiner Kraft
und laß uns gehen mit Deinem Segen.
Amen.

Segenslied: Nun segne und behüte uns (EG 571)

Rainer Brandt

Bausteine/Steine

Textmeditation

Bausteine für einen lebendigen Tempel

(Der Text wurde bei einem Feierabendmahl als Impulstext verwendet. Er wurde abwechselnd gesprochen und zu jeder Zeile ein Stein (große Flußsteine) auf den Altar gelegt.)

Laßt Euch selbst als lebendige Steine ...
Der Stein des Anstoßes – die Gabe, etwas in Bewegung zu bringen.
Der Stein der Begegnung – die Fähigkeit, auf andere zuzugehen.
Der Stein der Hoffnung – Hoffnungsträger sein.
Der Grenzstein – streiten können.

Laßt Euch selbst als lebendige Steine in den Tempel einfügen ...
Der Ruhestein – die Fähigkeit, zuhören zu können.

Der Stein in der Brandung – politisches Engagement.
Der Stein, der vom Herzen fällt – sich verletzlich zeigen zu können.
Der Stein der Weisen – Lachen und Weinen können.

Laßt Euch selbst als lebendige Steine in den Tempel einfügen, den der Geist Gottes baut ...
Der Stein, der ins Rollen kommt – Wegbereiter sein.
Der Stein, der im Weg liegt – Toleranz üben.
Der Stein der Muse – die Gabe der Musikalität.
Der Altarstein – Spiritualität leben können, lebendige Spiritualität, gelebte Spiritualität.

Jutta Schmidt-Brandt und Christine Tröger

Agape-Mahl

Hinführung zu einem Agape-Mahl

Gemeinschaft erleben

Gut ist, daß Gottes Geist der Liebe zwischen uns Gemeinschaft stiften will. So können wir jetzt gemeinsam essen und trinken, uns weiterhin mitteilen, was uns momentan beschäftigt, einfach eine gute Zeit miteinander haben. (evtl. Lied zum Übergang)

Roland Schwarz
(Dieser Teil sollte mit dem Segen und einem Lied beendet werden.)

Abendmahl/Litanei/Versöhnung

Wechselgebet

Bitte um Versöhnung

V: Gott, du bist uns Vater und Mutter. Wir vertrauen uns dir an, weil Christus uns das Vertrauen in dich gelehrt hat. So rufen wir dir zu:
Du Quelle des Lebens, schenke Versöhnung!
A: Du Quelle des Lebens, schenke Versöhnung!
V: Wenn Krieg und Haß die Menschen entzweit.
A: Du Quelle des Lebens ...
V: Wenn Gewalt in der Familie Vertrauen zerstört.
A: Du Quelle des Lebens ...
V: Wenn Mißtrauen Freundschaft untergräbt.

A: Du Quelle des Lebens ...
V: Wenn Vorgesetzte die Angestellten ausbeuten.
A: Du Quelle des Lebens ...
V: Wenn über Menschen die Unwahrheit verbreitet wird.
A: Du Quelle des Lebens ...
V: Wenn die Einheit die Vielfalt verhindert.
A: Du Quelle des Lebens ...
V: Wenn die Selbstverwirklichung die anderen vergessen läßt.
A: Du Quelle des Lebens ...
V: Zwischen den Menschen verschiedener Herkunft.
A: Du Quelle des Lebens ...
V: Zwischen Armen und Wohlhabenden.
A: Du Quelle des Lebens ...
V: Zwischen Arbeitslosen und Arbeitenden.
A: Du Quelle des Lebens ...
V: Zwischen Frauen und Männern.
A: Du Quelle des Lebens ...
V: Zwischen Eltern und Kindern.
A: Du Quelle des Lebens ...
V: Zwischen Jungen und Alten.
A: Du Quelle des Lebens ...
V: Zwischen Menschen und Tieren.
A: Du Quelle des Lebens ...
V: Zwischen den Christen der verschiedenen Kirchen.
A: Du Quelle des Lebens ...
V: Zwischen den Gläubigen der verschiedenen Religionen.
A: Du Quelle des Lebens
V: Gott, in dir vereinen sich alle Gegensätze des Lebens. Dein Sohn hat die Abgründe des Menschen am eigenen Leib erlebt. Du hast ihn auferweckt aus dem Tod. So setzen wir auf dich unsere Hoffnung, denn aus dir entspringt neues Leben. In Ewigkeit sei dir der Dank dargebracht, dem Vater, dem Sohn und dem Heiligen Geist.
Amen.[2]

(Hinweis: Änderungen bezogen auf die konkrete, aktuelle Situation sind notwendig.)

2. In: Arbeitsbehelf zur Vorbereitung auf die Zweite Europäische Ökumenische Versammlung. Teil 1: Versöhnung denken, feiern und beten, Graz 1997.

Abendmahl/Berührung/Heiliger Geist

Gebet zu Beginn des Abendmahls

Berührungen

Zärtlicher Geist, berühre uns,
laß dich von uns berühren;
mach, daß wir die Menschen lieben
und der ganzen Schöpfung in inniger Freundschaft verbunden sind.
Gnädiger Geist,
führe uns zum Sprechen,
sprich uns so an, daß wir handeln,
und schaffe durch uns
die Welt neu,
um Jesu Christi willen.
Komm, Heiliger Geist, und fülle unser Leben.[3]

Feiern

Abendmahl/Stärkung

Gebet

Rückblick und Ausblick

Wir denken zurück und wir sehen nach vorn.
Wir denken zurück an die Nacht in der Jesus sah, was geschehen würde. Da kam er mit denen zusammen, die ihm am nächsten standen. Jesus nahm das Brot und teilte es aus. Er ließ es durch sich zum Brot des Lebens werden. Jesus nahm den Wein und teilte ihn aus. Er ließ ihn durch sich zum Wein der Stärkung werden. Mit Brot und Wein stärkte er die anderen und sich selbst. So gestärkt war der Tod nicht das Ende. Das Leben erwies sich als lebendiger.
So denken wir zurück.

Und wir sehen nach vorn. Gott, du Atem alles Lebendigen. Du stärkst unsere Seele durch das Reichen von Brot und Wein. Du machst uns Mut, Neues zu wagen. Du machst uns Mut, auf unsere Seele als unser Kostbarstes zu achten. Du machst uns Mut, die Menschen in den Blick zu bekommen und auf ihre Seele mit zu achten.
Gott, mich beseelt deine Kraft.
Gott, mich beseelt deine Hoffnung.

3. Aus: Ich werde meinen Geist ausgießen. Gottesdienst und Gebete, ÖRK, Genf 1992.

Gott, mich beseelt deine Liebe.
Als Zeichen der Stärkung Gottes wollen wir Brot und Wein teilen.

(Austeilung mit Liedern)

Siglinde Meyer

Abendmahl/Agapemahl/Orientierung/Weg

Überleitung zur Austeilung

Bin auf meinem Weg

Bin auf meinem Weg schon so lang.
Auf meinem Weg brauche ich immer
wieder Zeichen.
Zeichen, die mir zeigen, daß Gott
mein Helfer ist, daß ich unter
seinen Flügeln mich freuen darf.
Bin auf meinem Weg schon so lang.
Ich brauche Zeichen, daß Gott
mich begleitet wie eine Freundin
wie ein Freund.
Bin auf meinem Weg schon so lang.
Ich brauche für diesen Weg Stärkung.
Ich will mich stärken lassen
durch Brot und Wein.
Sie stärken mich und unsere
Gemeinschaft.

Siglinde Meyer

Dank/Einheit/Ökumene/Solidarität

Gebet nach dem Abendmahl

Dank und Bitte

Herr, du hast uns deine Gaben geschenkt,
damit wir sie miteinander teilen:
Deshalb beten wir für andere.
Für die, deren Leben im liebenden Glauben und Dienst
andere dazu geführt hat, sich für Versöhnung einzusetzen, beten wir:

Kyrie eleison
Für die Kranken, die Leidtragenden, die Gefangenen;
für ihre Sicherheit und Errettung beten wir:
Kyrie eleison
Für die, die berufen sind, unter schwierigen Umständen das Evangelium zu verkünden und Zeugnis abzulegen, beten wir:
Kyrie eleison
Für alle auf der ganzen Welt, welche im Geist von Glaube, Liebe und Hoffnung leben und arbeiten, beten wir:
Kyrie eleison
Für die ökumenische Bewegung, damit sie zu einem pfingstlichen Zeichen der Einheit und zu einem Vorgeschmack von Gottes kommendem Reich wird, beten wir:
Kyrie eleison[4]

Hoffnung/Schöpfung/Umwelt/Zukunft

Lobgebet (mehrere Sprecher)[5]

Hoffnung für alle

Vater
Es ist wahr und es tut uns gut
dir zu sagen:
danke, daß wir dich haben
wie gut, daß du für uns da bist.

Du hast uns geschaffen
und mit dem Atem des Lebens
hast du Hoffnung uns eingehaucht.
Hoffnung auf ein sinnvolles Leben mir dir.

Du hattest den guten Gedanken
jedem einen anderen Menschen zu geben.
Zur Hoffnung füreinander hast du uns so gemacht.

Du gabst uns die Welt das Werk deiner Hände.
Sorgsam pflegen sollten wir sie
und miteinander teilen

4. Nach einem Gebet aus: Gemeinschaft feiern, Gebete und Lieder der Einheit, ÖRK Genf 1993.

was sie hervorbringt
als Hoffnung für alle.

Vater
du hörtest nicht auf
dich um uns zu sorgen
als wir eigene Wege gingen
und die Angst uns gefangennahm
keine Zukunft zu haben.
Du sahst unsere Knechtschaft
und hörtest unser Rufen.

Du hast Israel befreit
als nichts mehr zu hoffen war.
Dein Volk hast du
aus dem Exil geführt
als viele schon deiner müde wurden.
Du hast in der Mitte der Tage
uns Jesus gesandt deinen Sohn
dein hoffnungsvolles Wort
an uns, die Gefangenen.
Durch ihn hast du uns berufen
zur Hoffnung auf dein Reich
dem Ende aller Gefangenschaft
und aller Tränen
wo du, Vater, mitten unter uns
mit deinen Söhnen und Töchtern lebst.

Wir rühmen dich.
Denn du hast Großes an uns getan.
Mit allen, die dich lieben
zu allen Zeiten
in allen Ländern
und in allen Sprachen singen wir den Lobgesang:
Hosianna in der Höhe.

Lobgesang: Hosianna (Kanon aus Taizé).

5. Nach: Kugler, G., Feierabendmahl, Zwischenbilanz – Gestaltungsvorschläge – Modelle, Gütersloh 1981, S. 90f.

Gebet[6]

Lobpreis

Vater,
du lebst in einem Licht,
unzugänglich für uns.
Nimm unsere Dankesworte an,
dieses Lied der Bewunderung
an diesem Tag, den du gemacht hast.
Wir,
aus Erde gemacht,
vergänglich,
wir loben dich
für diese Erde,
zu der wir gehören.

Du hast nach dem Licht gerufen
und das Licht war geboren.
Du, sahst, daß es gut war.
Du schufst die Erde
und mit ihr Keime des Lebens.
Du sahst, daß alle Bäume gut waren,
und alle Tiere sehr gut
und die Vögel vollkommen;
du hast den Menschen gemacht.
Als Mann und Frau hast du ihn geschaffen.
Wege hast du bereitet,
damit wir einander finden.
Wir danken dir, daß du es so
und nicht anders gemacht hast.
Vater,
nimm dieses Lied der Bewunderung
an diesem Tag:

Lobgesang

6. Aus; Kugler, G., a.a.O., S 110.

Einsetzungsworte[7]

Vater, du hast deine Erde nicht aufgegeben,
als wir begannen, sie zu zerstören
und uns über sie zu erheben
in unserem Hochmut.
Du hast ihre Schreie gehört
und bist in die Tiefe gekommen zu uns
in Jesus, deinem Sohn.
Du hast dem Erdkreis noch einmal Hoffnung gegeben.
Brot und Wein,
Früchte der Erde und unserer Arbeit
hast du gesegnet.
Denn in der Nacht,
als Jesus verraten wurde,
nahm er das Brot,
dankte dir und sprach:
Nehmet und esset
das ist mein Leib,
für euch gegeben.
Das tut zu meinem Gedächtnis.
Und nach dem Essen nahm er den Kelch,
sprach das Dankgebet und sagte:
Trinkt alle daraus!
Das ist mein Blut des neuen Bundes,
für euch vergossen.
Tut das zu meinem Gedächtnis,
sooft ihr davon trinkt.

Vater, darum loben wir dich.
Wir rufen dich an:
Sende auf uns herab deinen Heiligen Geist,
damit er uns
und den ganzen Erdkreis erneuere.

Vater unser

7. Aus: Kugler, G., a.a.O., S 111.

Die Gruppe beginnt mit einem bekannten Kyrie (z. B. EG 686). Während der letzte Ton leise weiter gehalten wird, spricht einer die Anrede und erste Bitte, danach setzt die Gruppe mit dem Kyrie wieder ein, und in der gleichen Weise folgen die anderen Bitten.

Abendmahl/Dank

Dankgebet[8]

Gott, wir danken dir,
daß du durch Brot und Wein
zu uns gekommen bist,
daß du uns Gemeinschaft mit dir
und untereinander schenkst.

Wir bitten dich:
Wenn wir jetzt nach Hause gehen,
so bleibe du bei uns.
Mache uns in unserem Alltag
zu Boten deiner Liebe,
die den Nächsten nicht übersieht
und den Fernen nicht vergißt.

Gott, laß uns weitertragen, was du uns gibst:
zu Freunden und Feinden,
zu Jungen und Alten,
zu Kranken und Gesunden
zu Zweiflern und Glaubenden.

Gott, laß uns beieinander bleiben
und in der Gemeinschaft deiner Kirche,
damit wir uns nicht verlieren
und verlorengehen.

8. Aus: Knigge, H.-D. in: Nitschke, H. (Hg.): Abendmahl, Gütersloh 2. Aufl. 1979, S. 45, Rechte beim Autor.

Not/Segen/Trost/Wahrnehmung/Widersprüche

Segen[1]

Gott, der dich wahrnimmt

Gott, der dich wahrnimmt,
lasse zu deiner Erfahrung werden,
was er dir zugesagt hat:
Bei dir zu sein
in Angst und Unsicherheit, zu dir zu stehen
in Ausweglosigkeit und Verlassenheit, dich zu trösten,
wenn du bekümmert bist, deine Bedürftigkeit zu Herzen zu nehmen,
was immer auf dir lastet.
Er schenke dir,
was du dir selbst
nicht geben kannst:
Wachsendes Vertrauen
mitten in den Widersprüchen
dieses Lebens.
Amen.

Sabine Naegeli

Achtsamkeit/Segen/Tag/Traum/Wahrheit

Segen

Achte gut auf diesen Tag

Achte gut auf diesen Tag,
Denn er ist das Leben –
Das Leben allen Lebens.
In seinem kurzen Ablauf

1. Sabine Naegli, in: Martin Schmiesser (Hg.), Deine Güte umsorgt uns. Segen empfangen und weitergeben, Eschbach 1989, S. 84.

Liegt alle Wirklichkeit und Wahrheit des Daseins:
Die Wonne des Wachsens,
Die Größe der Tat,
Die Herrlichkeit der Kraft;
Denn das Gestern ist nichts als ein Traum,
Und das Morgen nur eine Vision.
Das Heute jedoch – recht gelebt –
Macht jedes Gestern zu einem Traum voller Glück,
Und jedes Morgen zu einer Vision voller Hoffnung.
Darum achte gut auf diesen Tag!

aus Indien

Himmel/Schutz/Segen/Weg

Segen

Dein Weg

Möge dein Weg dir freundlich entgegenkommen,
Wind dir den Rücken stärken,
Sonnenschein deinem Gesicht viel Glanz
und Wärme geben.
Der Regen möge deine Felder tränken,
und bis wir beide, du und ich, uns wiedersehen,
halte Gott schützend dich in seiner hohlen Hand.

Gott möge bei dir auf deinem Kissen ruhen,
dich schützend in seiner hohlen Hand halten.
Deine Wege mögen dich aufwärts führen,
freundliches Wetter begleite dir deinen Schritt.
Wind stärke dir deinen Rücken –
und mögest du längst im Himmel sein,
wenn der Teufel bemerkt, daß du fort bist.

aus Irland

Freude/Leben/Segen/Wünsche

Segen

Sonnenlicht auf deinem Fenstersims

Deine Hände sollen
immer Arbeit finden,
immer einen Groschen in der Tasche,
wenn du ihn brauchst.
Das Sonnenlicht soll
auf deinem Fenstersims scheinen
und dein Herz
voll Gewißheit sein,
daß nach jedem Unwetter
ein Regenbogen leuchtet.
Der Tag sei dir günstig
und die Nacht dir gnädig.
Die gute Hand eines Freundes
soll dich immer halten.
Und möge Gott dir das Herz erfüllen
mit Frohsinn und Freude.

aus Irland

Begleitung/Hoffnung/Segen/Wünsche

Wunsch

Hoffnungsorte

Wenn du mal nicht mehr weißt,
wie es denn weitergehen sollte,
weil du zu müde oder zu traurig bist,
verlassen, enttäuscht und verzweifelt ...
möchte ich für dich meine Ohren
und mein Herz aufmachen,
ich möchte für dich ein Hoffnungsort sein.

Anica Keerl

(Am Ende des Gottesdienstes können sich die Teilnehmenden schriftlich bzw. mündlich wechselseitig gute Wünsche mit auf den weiteren Weg geben.)

Sendung

Engel

Damals sprach der Engel:
»Fürchte dich nicht,
Maria ... Siehe ...«,
»Josef, fürchte dich nicht ...«
Heute spricht der Engel:
»Fürchte dich nicht,
N.N., siehe,
wozu du berufen bist!
»N.N., fürchte dich nicht,
tue, was du zu tun hast!«

Anica Keerl

(Die Sendung kann mit diesem oder auch anderem Zuspruch unter Handauflegung erfolgen.)

Aktion

Weggeschenk

(Aktionsvorschlag für den Abschluß eines Gottesdienstes)
Um nicht nur Worte mit auf den Weg zu geben, kann man auch kleine Geschenke zusätzlich am Ende eines Gottesdienstes verteilen. Eine Kleinigkeit, die jeden einzelnen an den Gottesdienst erinnert und noch ein Stück des Weges begleitet.
Die Gegenstände können sich aus dem Thema des Gottesdienstes ergeben oder sollten am Segen orientiert sein. So haben wir z. B. beim Abschiednehmen nach einem viertägigem Seminar nicht nur einen Segenstanz getanzt und einen Segen gesprochen, sondern jeder/m noch eine bunte Murmel als Erinnerung an die bunten Tage mit auf den Weg gegeben. Ein kleine bunte Murmel für die grauen Tage des Alltags.
Es kann aber auch eine Blume (z. B. eine weiße Rose nach einem Friedensgebet in Dachau, der sich mit der Gruppe der »Weißen Rose« beschäftigte) oder ein Segens-/Reisespruch aufgedruckt auf eine Karte sein – beim Feier-

abendmal kurz vor den Sommerferien –, die man dann mit in den Urlaub nehmen kann. Ein Wassertropfen als Tauferinnerung – z. B. bei Osternachtgottesdiensten usw. Der Phantasie sind hier keine Grenzen gesetzt.

Christine Tröger

Erinnerung/Fasten/Sendung

Impulstext

FASTEN – buchstabiert

F – Freiheit nutzen und bewußt Dinge auswählen. aber auch bewußt verzichten.
A – Aktiv, engagiert und mutig sein alltägliches Leben gestalten.
S – Schwierigkeiten nicht aus dem Wege gehen, sondern tatkräftig angehen.
T – Täglich neu die großen und kleinen Chancen erkennen und wahrnehmen.
E – Ehrlich und aufrichtig mit sich selbst und mit dem Nächsten umgehen.
N – Nikotin, Alkohol und Drogen als künstliche Glücksbringer aus dem Leben streichen.

(Idee: Am Ende eines Gottesdienstes in der Passions-/Fastenzeit, evtl. mit Thema »7 Wochen ohne ...« diesen Text – auf Zetteln geschrieben – verteilen)

Verfasser unbekannt[2]

(»Merkzettel« können am Ausgang als Wegbegleiter verteilt werden – eignet sich auch bei anderen Themen.)

2. Entwickelt für eine ökumenischen Schulgottesdienst am Aschermittwoch.

Stichwortregister

Anhang

Fragebogen als Impuls für die Jugend-/Gottesdienstvorbereitung (nach einer Vorlage von Prof. Dr. Günter Ruddat, Bochum)

1. Was ist mir im Gottesdienst wichtig?
   Was unterscheidet den Gottesdienst von allen anderen Veranstaltungen in der Gemeinde?
   Was muß unbedingt im Gottesdienst vorkommen?

2. Wie unterscheidet sich aus meiner Sicht der Jugendgottesdienst?

3. Wie verläuft der Jugend-/Gottesdienst bei uns?
   Wie ist unser Gottesdienstraum gestaltet?
   Was fördert lebendigen Gottesdienst? Was hindert?
   Wie kommen Alltagserfahrungen und Gefühle im Gottesdienst vor (z. B. Freude, Trauer, Sorge, Hoffnung, Klage, Protest ...)?
   Welche Besonderheiten gibt es?
   Welche Erfahrungen mit Gottesdiensten in anderen Gemeinden und Kirchen liegen vor?

4. Wie ist die Gemeinde beteiligt? Wie sind die Jugendlichen beteiligt?
   Wer tut was im Gottesdienst?
   Welche regelmäßigen Dienste gibt es?
   Welche Begabungen könnten stärker eingebracht werden?
   Wie geschieht die Vor- und Nachbereitung des Gottesdienstes?

5. Was könnte ich zu unserem Jugend-/Gottesdienst beitragen?
   Was wünsche ich mir für unseren Jugend-/Gottesdienst?
   Wie ist der Jugend-/Gottesdienst mit anderen Veranstaltungen der Gemeinde »vernetzt«?

Literaturhinweise

Gottesdienst und Liturgie allgemein

Baltruweit, F./Ruddat, G.: Gemeinde gestaltet Gottesdienst. Arbeitsbuch zur Erneuerten Agende, Gütersloh 1994.
Ein Arbeitsbuch, das eine grundlegende Einführung zu den liturgischen Elementen des Gottesdienstes gibt und eine Fülle von erprobten Praxisbeispielen enthält, besonders hilfreich die Informationen zur liturgisch-didaktischen Grundausstattung.

Domay, E. (Hg.): Arbeitsbuch Gebete, Gütersloh 1994.
U.a. Gebetstexte, die auch für Jugendgottesdienste gut geeignet sind.

Domay, E. (Hg.): Arbeitsbuch Gottesdienst, Ideen und Modelle für ein ganzheitliches Erleben des Gottesdienstes, Gütersloh 1990.
Unterschiedliche Gestaltungsvorschläge für Gottesdienste zu verschiedenen Anlässen – von der Idee bis zur Durchführung. Die praktischen Beispiele werden durch Artikel zu 6 verschiedenen Dimensionen des Gottesdienstes (z. B. Sprache) eingeleitet.

Fritsch-Oppermann, S./Schröer, H.: Lebendige Liturgie 1+2, Gütersloh 1990 u. 1992.
Im Kontext des Kirchentages entstandenes Arbeitsbuch, das viele unterschiedliche Gestaltungselemente für Liturgien reflektiert und nahebringt.

Hüsch, H.-D.: Das Schwere leicht gesagt, Düsseldorf 1992.
Ein Kabarettist, der Texte für den Gottesdienst macht – das eröffnet neue Zugänge.

Lampe, W./Pellmann, W.: Baustelle Gottesdienst, Hannover 1990.
Enthält 22 Themengottesdienste, Textvorschläge und Ablaufdispositionen – vorwiegend erarbeitet in der Evangelischen Jugend.

Zink, J./Hufeisen, H.-J.: Wie wir feiern können, Stuttgart 1992.
Für Fans viele ansprechende Texte und Lieder.

Jugendgottesdienst

Blumenberg, Th.: Zehn Jugendgottesdienste, Hildesheim 1991.
Diese Jugendgottesdienste aus dem röm.-kath. Bereich orientieren sich in ihren Themen am Ablauf des Kirchenjahres.

Ellinger, H. (Hg.): Werkbuch Jugendgottesdienst, Wuppertal-Zürich 1990.
Nach einer kurzen Einführung folgen Ideen, Entwürfe und Modelle für Jugendgottesdienste – evangelistische Prägung.

Fröber, V./Holzbach, A.: Thematische Jugendvespern. Werkbuch mit Modellen, Limburg 1991.
Ebenfalls Gottesdienstentwürfe aus dem röm.-kath. Bereich

Lübking, H.-M.: Gottesdienste für Jugendliche, Düsseldorf 1997.
Neu: Orientiert sich an den 6 Perikopenreihen der Predigttexte.

Schulgottesdienst

Einige Hinweise sind hier aufgenommen, weil Schulgottesdienstentwürfe immer auch brauchbare Anregungen für außerschulische Jugendgottesdienste enthalten.

Domay, E. (Hg.): Gottesdienstpraxis-Serie B: Schulgottesdienste, Gütersloh 1989.
Aufbereitete Sammlung von Themengottesdiensten – überwiegend für Sekundarstufe I und II

Gauer, J.: Hoffnung ist wie ein Baum, der blüht. Schulgottesdienste für die Sekundarstufe I, Düsseldorf 1987.

Gauer, J.: Er führt mich hinaus ins Weite. Neue Schulgottesdienste für die Sekundarstufe I, Düsseldorf 1989.

Goßmann, E./Bächer, R.: Schulgottesdienste. Situationen wahrnehmen und gestalten, Gütersloh 1992.
Zielrichtung: die konkreten Situationen der SchülerInnen wahrnehmen lernen und zur Grundlage der Gottesdienstgestaltung machen.

Religionspädagogisches Studienzentrum und Kirchenverwaltung der Ev. Kirche in Hessen und Nassau (Hg.): Schönberger Hefte, Sonderhefte 1990, Folge 10: Das Drama des Gottesdienstes vor und hinter der Kirchentür. Ökumenische Schul-Gemeinde-Gottesdienste, epv der EKHN, Frankfurt 1990.
Grundsätzliche Überlegungen und Gottesdienstentwürfe unter dem Stichwort »Gottesdienst zu jeder Zeit – nicht nur in der Schule«.

Andere spezifische Gottesdienstliteratur

Auszeiten! Texte und Gebete. Bundesleitung der Kath. Jungen Gemeinde, Neuss 2. Aufl. 1996.
Ist eine wahre Fundgrube für gute, ansprechende Texte unterschiedlichster Art.

Diverse thematische Materialhefte der Beratungsstelle für Gestaltung von Gottesdiensten und anderen Gemeindeveranstaltungen.
Anschrift: Beratungsstelle für Gestaltung, Eschersheimer Landstr. 565, 60431 Frankfurt/Main.
Z. B.: Feiert Abendmahl. Eröffnungen, Heft 49/50 Frankfurt 1987.

Beier, H. + R. (Hg.): Schöpfung am Kreuz, Wuppertal 1985.
Reflexionen, Texte, Gottesdienstbausteine im Zusammenhang mit dem Thema »Bedrohte Schöpfung«.

Berg, H. K.: Biblische Texte verfremdet. Grundsätze – Methoden – Arbeitsmöglichkeiten, München – Stuttgart 1986, Bd. 1+2.
Enthält eine Fülle von Beispielen für literarischen Umgang mit biblischen Texten.

Bibel andenken. Betrachtungen zur Jahreslosung und Monatssprüchen, Edition aej, Hannover. 1996.
Diese Bände erscheinen jährlich im Spätherbst für das darauffolgende Jahr und sind auf spezifische Themen, Situationen von evangelischer Jugendarbeit bezogen.
Anschrift: Arbeitsgemeinschaft der Evangelischen Jugend in der Bundesrepublik Deutschland (aej), Otto-Brenner-Str.9, 30159 Hannover.

Coenen, H.-J.: Schatten-Bilder. Bußgottesdienste – Texte zur Besinnung, Düsseldorf 1982.
Anregende Ideen zur Gestaltung von Gottesdiensten im Zusammenhang mit Buße, Passionszeit, Beichte.

Früchtel, U.: Mit der Bibel Symbole entdecken, Göttingen 1991.

Enthält viele Anregungen, auch im gottesdienstlichen Rahmen Symbole sprechen zu lassen und dabei angemessen mit ihnen umzugehen.
Hoffsümmer, W.: 144 Zeichenpredigten durch das Kirchenjahr. Mit Gegenständen aus dem Alltag, Mainz 5. Aufl. 1991.
Gestaltungsanregungen für anschauliche Entfaltung eines Themas bzw. eines Bibeltextes. Dieses Buch sei beispielhaft genannt für die vielen Veröffentlichungen von W. Hoffsümmer.
Koerver, J./Köster, R./Ruddat, G./Schneider, H.-J.(Hg.): Kindergottesdienst-Helferhandbuch, Stuttgart 4. Aufl. 1989.
Die vielen grundlegenden Reflexionen und Anregungen sind auch nützlich für die liturgische Gestaltung von Jugendgottesdiensten und einen kreativen Umgang mit biblischen Texten.
Schenk dir Zeit: Texte – Bilder – Lieder, epv für Baden, Karlsruhe, 2. Aufl. 1993.
Sehr vielseitige Sammlung von Texten und Gebeten für das gesamte Kirchenjahr.
Schibilsky, M. (Hg.): Gerechtigkeit – Frieden – Bewahrung der Schöpfung. Ein Werkbuch für die Gemeinde, Düsseldorf 1990.
Drei theologische Zugänge stehen am Anfang, es folgen u.a. Gottesdienstmodelle, Texte, Gebete im Zusammenhang mit dem Konziliaren Prozeß.
Schnitzler-Forster, J. (Hg.): ... und plötzlich riecht's nach Himmel. Religiöse Erlebnisräume auf Freizeiten und in Gruppen, Ostfildern 1995.
Lebendiges, ideenreiches Arbeitsbuch, das viel Freiraum läßt für eigenes Gestalten.
Vonderberg, K.: Neue Psalmen für Jugendliche, Stuttgart 1996.
Ansprechende Texte, die gut in Jugendgottesdiensten zu verwenden sind.

Feministisch orientierte Literatur

Enzner-Probst, B./Felsenstein-Roßberg, A. (Hg.): Wenn Himmel und Erde sich berühren, Gütersloh 1993.
Lieder, Texte und Anregungen für Frauen-Liturgien (dazu Liedsammlung unter dem gleichen Titel).
Ich werde meinen Geist ausgießen, WCC Publications, Genf 1990.
Gottesdienste für die Dekadearbeit. Alle Texte in Deutsch, Englisch, Französisch und Spanisch.
Moltmann, E. u.a.: Erde, Quelle, Baum, Stuttgart 1994.
Lebenssymbole in Märchen, Bibel und Kunst.
Ronecker, K./Brinkel, W.: »Wer wälzt uns den Stein?«, München 1992.
Erzählungen, Gedichte und Meditationen zu Ostern.
Rosenstock, H./Köhler, M.: »Du Gott, Freundin der Menschen«, Stuttgart 1991.
Neue Texte und Lieder für Andacht und Gottesdienst.
Schmidt, E.-R./Korenhof, M./Jost, R.: Feministisch gelesen, Bd.1+2, Stuttgart 1988+1992.
Betrachtung bzw. Exegese von ausgewählten biblischen Texten – für Gruppen, Gemeindearbeit, Gottesdienste.

Musik: Weiterarbeit – Literaturhinweise – Buchkommentare

Liederbücher, Noten:

»33 Lieder für Kirchentage, Hamburg 1995«, Lutherische Verlagsanstalt. Neue geistliche Lieder mit einer zusätzlich erschienenen Beispielkassette.

111 Lieder für Kirchentage, München 3. Aufl. 1995.
Evangelisches Gesangbuch (EG), insbesondere die Ausgabe für die Evang.-Luth. Kirchen in Bayern und Thüringen.
»Gitarrenchoralbuch«, (Auswahlband I + II) Hg. von Ulrich Rudolf. Choräle sind damit einfach und ansprechend auf der Gitarre zu begleiten. Vertrieb über: Presto Musik, Bösenlustnau 9, 73499 Wört.
»Gitarrenbegleitbuch zum EG«, herausgegeben im Auftrag der Evangelischen Kirche in Deutschland, 2 Bände, Strube-Verlag München 1995.
»kreuz & quer«, herausgegeben vom Jugendwerk der Evangelisch-methodistischen Kirche (mit einem thematischen Inhaltsverzeichnis und einem Bibelstellenregister).
»Lebenslieder«, herausgegeben vom CVJM-Gesamtverband in Deutschland e.V. (mit einem thematischen Inhaltsverzeichnis).
»Ich will dir danken«, Lieder für die Gemeinde, Neuhausen-Stuttgart, 1996.
Mein Kanonbuch, Düsseldorf 1986.
Mein Liederbuch 1. Für heute und morgen. Notenausgabe, Düsseldorf 7. Aufl. 1991.
Mein Liederbuch 2. Oekumene heute. Notenausgabe, Düsseldorf 1992. (ML 2)
»Singt von Jesus 2«, Born Verlag Kassel: Herausgegeben vom Deutschen EC-Verband (mit einem thematischen Inhaltsverzeichnis).
Thuma mina. Internationales Ökumenisches Liederbuch, Basel – München – Berlin 1995.

Arbeitshilfen, musikalische und instrumentalspezifische Lehrbücher, für Bands, Musikgruppen und Combos:

Arbeitsgemeinschaft Gitarre (AGG): »Kursbuch Gitarre: Grundkurs«.
Ein speziell für Gemeindegitarristen und gemeindliche Gitarrenkurse konzipiertes Lernprogramm zum Gitarre spielen lernen mit Gospels und neuen geistlichen Liedern. Zu beziehen über AGG e.V., Pestalozzistr. 58, 72762 Reutlingen.
Hufeisen, H.-J.: »Band-Schule«; Strube Verlag München.
Behandelt werden Melodien, Rythmen, Arrament, Sounds und Fragen des Zusammenspiels in einer Gruppe.
Ziegenrücker/Wicke: »Sachlexikon Popularmusik«, Schott Verlag.
Anhand von etwa 1000 alphabetisch geordneten Stichworten wird alles Wissenswerte über moderne Pop- und Rockmusik auf einfache Weise erklärt.

Für Gemeindeverantwortliche und Veranstalter:

»DATA life MUSIK«, herausgegeben von der Arbeitsgemeinschaft Musik in der evangelischen Jugend e.V.. Bundesweit werden Musikgruppen für den kirchlichen Bereich vorgestellt. Mit einer beigefügten Datendiskette können sie nach Suchkategorien leicht gefunden werden. Die umfassendste Sammlung dieser Art in Deutschland. Zu beziehen bei: Trialog-Verlag, Allenbostel 39, 29582 Hanstedt.
Malessa, Andreas: »Tausend Tips für Mitarbeiter«, Schriftenmissions-Verlag. Ein Handbuch mit wertvollen Informationen zum Umgang mit Musikgruppen und Veranstaltungsüberlegungen.

Weiterführende Literatur zu Musik im (Jugend)Gottesdienst:

Bücken/Petersen (Hg.): »Workshop Musikerinfo II. Christliche Popularmusik im kirchlichen Bereich«.

Die HerausgeberInnen und AutorInnen

Mechthild Bangert, Pfarrerin, Dipl. Psychologin; Studienleiterin im Studienzentrum für evangelische Jugendarbeit in Josefstal.

Siegfried Bernard, Dekanatsjugendpfarrer München; einer der Initiatoren von Rave-Gottesdiensten in München unter dem Namen »Planet Life«.

Stefanie Betz, Studentin, ehrenamtlich tätig in der offenen Behindertenarbeit und im Team der Thomasmesse, München.

Rainer Brandt, Landesjugendpfarrer der Evang.-Luth. Kirche in Bayern, Nürnberg

Friedrich Rössner, Diakon, Referent für Jugendevangelisation und Bandarbeit im Amt für Jugendarbeit der Evang.-Luth. Kirche in Bayern, Nürnberg

Günter Ruddat, geb. 1947, Dr. theol.; seit 1991 Professor für Praktische Theologie an der Evangelischen Fachhochschule in Bochum, zuvor 15 Jahre Gemeindepfarrer in Leverkusen.
Seit 1995 veranstaltet er zusammen mit Mechthild Bangert u.a. eine jährliche Fortbildungswoche »Werkstatt Jugendgottesdienst« im Studienzentrum für evangelische Jugendarbeit in Josefstal.

Anke Schlehufer, Dipl. Biologin und Erzieherin; gründete 1992 beim Kreisjugendring München-Land das Projekt Umweltpädagogik und baute es zur Umweltstation NEZ aus.

Roland Schwarz, Pfarrer, Zusatzausbildung in Sonderpädagogik; Beauftragter für die Arbeit mit geistig Behinderten im evang.-luth, Dekanatsbezirk München.

Christine Tröger, Dipl.Soz.-Pädagogin (FH), M.A. Religion and Culture; Dekanatsjugendreferentin der Evang, Jugend München.

Wir danken den (ehem.) hauptamtlichen und (ehem.) ehrenamtlichen MitarbeiterInnen der Ev. Jugend München sowie der Behindertenarbeit: Markus Eder, Rudi Forstmeier, Gunther Fröhlich, Brigitte Huber, Anica Keerl, Siglinde Meyer, Günter Mrotzek, Gisela Mück, Jutta Schmidt-Brandt, Sabine Schoberth, Klaus Schultz, Christoph Steinkamp, Stephanie Zimmer und dem Jugendgottesdienstkreis der Ev. Dekanatsjugend Regensburg (Verantwortlich: Klaus Eifler, Diakon, Dekanatsjugendreferent).